U0568756

企业成长的逻辑
从组织活力到基业长青

欧阳杰 李凤 — 著

中国人民大学出版社
·北京·

明智の生涯

序言

源起与结构：从组织活力到基业长青

新时代呼唤新组织理论：正确的认知才有正确的实践

我们生活在组织建构的秩序当中，不管是物质生活还是精神享受，我们都无法忽略组织在其中所起的主导作用。人类在进化过程中"创造"了组织，而组织一旦产生则反过来形塑人类自身，人类所有的悲伤与喜乐都或多或少与组织相关。

这是事物的一个方面，该方面充分证明组织之于个体、企业乃至整个人类的重要性。事物的另一个方面是，相较战略、营销和数字化等领域，组织理论过去三十年都没有太大进展。时至今日，大家谈到组织还是会想到周公、孔子、商鞅、亚当·斯密、马克斯·韦伯、切斯特·巴纳德和亨利·明茨伯格，虽然他们的思想铺陈了农业时代、工业 1.0 时代、工业 2.0 时代和工业 3.0 时代的组织建设之路，并推动了人类发展，但是在工业 4.0 和人工智能时代加速到来之际，上述强调控制但事实上是以异化个体为代价来成就集体利益的组织理论，已经很难适应今天生产力的迅猛发展，不能促进员工的个性解放和创造性的释放。虽有专家已经意识到未来各行各业的领军企业必然是卡尔·马克思预言的"自由人的联合体"，并提出与"自由人的联合体"之终极目标以及人工智能时代相适应的组织应当是以"连接+赋能"为特征的生态型和平台型组织，然而截至当下，不要说生态型组织或平台型组织的定义和建设路径仍在探索中，就连对组织的本质（组织是什么）以及组织的作用机理（组织影响个体行为以实现目标的机制）等基本问题，大家都缺乏深度洞察和统一共识。

如果用一句话概括组织理论现状，那就是人工智能时代的企业建设呼唤新组织理论。列宁说，"没有革命的理论，就不会有革命的运动"[①]。组织管理也一样，没有正确的组织理论做指导，那么无数企业的组织建设就会在黑暗中摸索更长时间，浪费更多精力和机会。

实践滚滚向前，技术飞速进步，理论远滞于后，这就是当下组织理论所面临的困境，也是笔者写作本书的缘起。

---

① 列宁选集：第 1 卷 . 北京：人民出版社，2012：153.

打开组织"黑箱":天下万物生于有,有生于无

我们每天都活在组织中,但是很少人会意识到组织的存在,鲜有人能说清楚组织对自身的影响,用《周易》的话讲,组织于芸芸众生而言是"百姓日用而不知"。要把"百姓日用而不知"的概念讲清楚需要有哲学层面的思辨。笔者将组织的内部构成及交互机理解构如下。

(1)组织的本质。如图0-1所示,组织的阳面或团队视角下,组织是有着共同目标的一群人,而组织的阴面或结构视角下,组织则是连接人脑的"互联网"。本书第一章将对组织的本质进行详细解读。

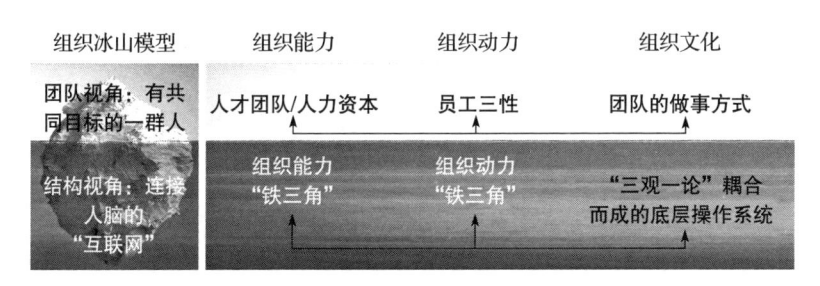

组织冰山模型	组织能力	组织动力	组织文化
团队视角:有共同目标的一群人	人才团队/人力资本	员工三性	团队的做事方式
结构视角:连接人脑的"互联网"	组织能力"铁三角"	组织动力"铁三角"	"三观一论"耦合而成的底层操作系统

注:图中加黑字体聚集团队,图中白色字体指向结构。

图0-1 组织的内部构成及交互机理解构图

(2)组织能力。团队视角下的组织能力是看得见的人才团队/人力资本,结构视角下的组织能力由看不见的打法(业务流程)、队形(组织模式)以及工具(数字技术)三者耦合

而成，本书称之为组织能力"铁三角"。本书第二章探讨组织能力。

（3）组织动力。团队视角下的组织动力是员工在工作中展现出来的积极性、主动性和创造性，简称"员工三性"；结构视角下的组织动力由体制、机制和初心三者耦合而成，本书称之为组织动力"铁三角"。本书第三章探讨的内容是组织动力。

（4）组织活力。任正非所讲的"方向要大致正确，组织必须充满活力"足以写进管理史册，但组织活力是什么，很多专家并没讲清楚。本书认为，组织活力＝组织能力×组织动力。本书第四章将详细解读该公式。

（5）组织文化。结构视角下的组织没有文化，只有团队视角下的组织才有文化。什么是文化？表面看是"团队的做事方式"，实则是由世界观、人生观、价值观和方法论等耦合而成且团队成员共有的底层操作系统。这个定义和现有主流说法有很大差别，但却抓住了文化的本质，即文化旨在高效复制"人"，当然这里所讲的复制主要是在思想层面。本书第五章和第六章将对组织文化进行解读。

（6）组织发展。图0-1是静态视角下的组织建模，本书第七章探讨动态视角下的组织发展，如图0-2所示。第八章探讨人工智能时代的组织发展理论与经典案例。

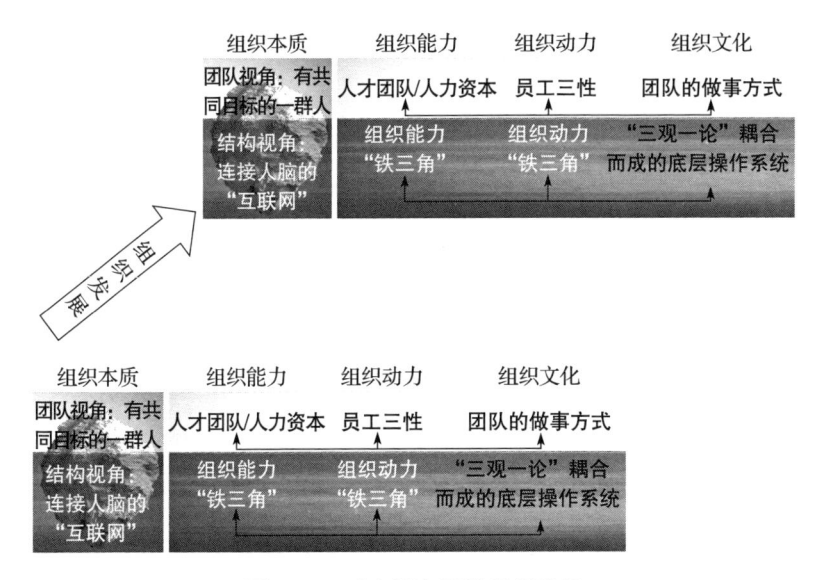

图 0-2　动态视角下的组织发展

企业成败背后的规律：企业成功方程式

为什么要关心组织建设和组织发展？因为企业规模发展到一定程度后，很多企业会跌入"中等规模陷阱"。国家也是一种组织——当然是规模更为宏大、结构更加复杂的组织。事实上，不只是国家发展会遇上"中等规模陷阱"，企业在成长过程中也会遇到"中等规模陷阱"。企业发展到一定规模后，如不能突破组织施加于自身的桎梏，则将在"中等规模陷阱"中苦苦挣扎，即使在风口期能在规模上实现假突破，周期一过企业很快就会回归一地鸡毛。

怎样突破企业成长中的"中等规模陷阱"？在谈具体策略之前，让我们先看如何理解企业。图 0 - 3 是笔者建构的企业模型。从外部看，企业于顾客及其他利害攸关者而言是能感知到的品牌资本以及相关业务，企业是看得见的财务资本（如门店、厂房和设备等）和团队视角下的组织。从内部看，企业则是看不见的结构视角下的组织和企业家精神。

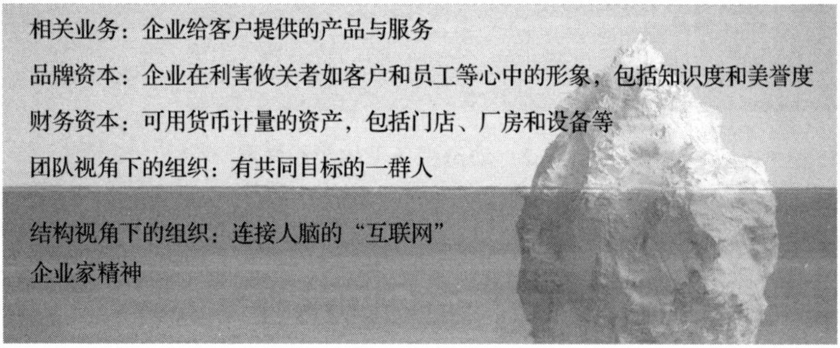

相关业务：企业给客户提供的产品与服务
品牌资本：企业在利害攸关者如客户和员工等心中的形象，包括知名度和美誉度
财务资本：可用货币计量的资产，包括门店、厂房和设备等
团队视角下的组织：有共同目标的一群人

结构视角下的组织：连接人脑的"互联网"
企业家精神

图 0 - 3 企业模型

基于上述理解，本书第九章提出了企业成败背后的规律——企业成功方程式，即业绩 =（方向 × 能力 × 动力）^{企业家精神}；第十章基于德鲁克"不能测量，就无法管理"的名言，重点探讨企业成功方程式中各组成要素的测量方法及应用；第十一章则把时间维度加入第十章所研究的静态视角下的企业成败因子，重点探讨企业变革方法，旨在帮助企业特别是大企业提升战略转型的成功概率；第十二章则用 IBM 的组织发展百年演进史来印证

上述三章所讲之内容，旨在给追求打造百年企业的企业家提供一个经典案例。

无用之大用：没有什么东西比正确的理论更有用

人类发明的所有工具都是为了延长人类自身寿命，组织也不例外。与其他工具最大的不同是，组织同时也是以企业家为核心的中高层管理团队心性的外显。当心性和工具发生冲突时，最终悄然胜出的一定是心性。所以组织变革如果只是关注架构设计，而忽略以企业家为核心的中高层管理团队对组织认知的升级，那么即使组织架构科学、变革方案完美，组织变革的效果也不会理想。为什么组织变革和战略转型的失败率高？原因不在于架构设计与方案编写，而是在于驾驭目标组织所需的以企业家为核心的中高层管理团队的心性升级。

当企业规模小时，组织不重要，企业家能让骨干用心工作、全力奋斗，企业大概率就能活下去。企业长大后，组织在企业可持续发展中起着决定性的作用。如何建构组织？先得有正确的"组织观"，没有正确的组织观，企业家及高管团队就很难驾驭长大后的企业。正确的"组织观"从哪里来？从实践摸索总结中来，从正确理论指导下的迭代实践中来。

本书试图构建人工智能时代的组织理论，笔者期望这套理论能帮助企业中高层管理者更好地理解组织，进而让企业少走弯路。虽然有学者认为很多科学都是假设且与真理无缘，但是这些假设却能让我们更高效地认知和改造世界。如果本书构建的组织理论不但能做到"逻辑三洽"——自洽、他洽和续洽，而且还能指导人工智能时代的企业的组织建设与组织发展，那么我们对人工智能时代的平台型组织和生态组织的认知就从之前的"技艺"阶段进入"科学"时代。

哲学乃"无用之大用"，人类历史铺陈在思想家开创的思维通道之上。本书更多在哲学层面探讨组织和企业，对志在打造基业长青的伟大企业和志在长远的企业家具有重要价值，因为它能帮助企业家及其高管团队理解组织运行的底层逻辑，并据此打造匹配自己心性的伟大组织。

目录

第一章
组织是连接人脑的"互联网"

哲学视角下的组织：本立而道生，无用之大用 / 004

企业视角下的组织：三大载体与组织理论升级 / 017

员工视角下的组织：赋能 VS 控制 / 020

企业家视角下的组织：工具 VS 目的 / 020

企业长期成功取决于看不见的组织 / 022

第二章
组织能力"铁三角"

重新定义组织能力：于乱象中见本质 / 028

人工智能时代组织能力建设方法论：组织能力"铁三角" / 039

被重新定义的组织能力靠谱吗？ / 042

组织能力"铁三角"与组织能力"杨三角"须两手抓、

  两手硬 / 046

第三章
组织动力"铁三角"

结构视角下的组织内生动力 / 051

组织动力"铁三角"：激发"员工三性"的制度性

  安排 / 052

全息组织观下的组织动力：阳面"员工三性"，阴面动力

  "铁三角" / 059

组织动力"铁三角"与"员工三性"须两手抓、

  两手硬 / 061

第四章
组织活力 = 组织能力 × 组织动力

全息组织观下的组织活力解读 / 065

结构决定功能：结构活力 VS 团队活力 / 068

组织活力打造："杨三角" VS 组织活力"双三角" / 073

组织活力打造：哲科思维 VS 技艺思维 / 074

从哲学层面看组织理论 / 075

第五章
组织文化：底层操作系统与企业家复制

文化的内核是"三观一论" / 081

文化定义与主流文化解读 / 085

文化有力量，是笔"好生意" / 086

文化的作用机制：从心开始，润物无声 / 090

优秀企业的成功都是文化的成功 / 094

智慧源于定义，认知决定格局 / 106

以文化人，人事合一 / 111

第六章
组织文化建模与测量：看见看不见的文化

文化建模：打开文化的"内容"黑箱 / 115

文化测量：打开文化的"强度"黑箱 / 128

文化建设：打开文化的"作用"黑箱 / 132

第七章
组织发展与跃迁：从一维向生态的进化

组织发展：关注甚多，包罗万象 / 143

结构视角下的组织发展：量上增长和质上跃迁 / 150

组织跃迁路径：从一维直线型到生态平台型 / 150

组织跃迁案例：看似纷繁不一，路径一脉相承 / 151

第八章
组织发展与熵减：组织数字化转型的终局

人工智能时代的组织发展终局 / 161

组织三大内生矛盾及其破解之道 / 162

组织数字化转型的终局："一个集团"、透明组织、
　　智慧企业 / 165

组织数字化转型的主线：组织结构、业务流程和
　　数字技术 / 175

组织数字化转型的过程：三条主线"拧麻花" / 182

组织数字化转型的案例：华为 / 185

第九章
企业成功方程式

探讨企业成功根因的前人智慧：各有千秋 / 191

业绩 =（方向 × 能力 × 动力）^企业家精神 / 198

企业成功方程式：适用、易用、可用 / 208

人工智能时代的创富公式与剩余价值规律 / 209

第十章
企业测量：您的企业离成功有多远

测量的力量：医学发展的启示 / 213

测量什么：测量对象与测量指标 / 214

测量工具：测量方法与调查问卷 / 227

企业测量的意义：洞察人心 / 236

第十一章
跨越周期持续成长：企业转型与变革管理

企业变革，到底"变"什么？ / 242

变革之难，"难"在哪？ / 246

变革有方：组织变革有方法吗？ / 256
变革导航：企业转型成功之要 / 260

第十二章
IBM 百年演进史：组织视角下的转型和跃迁

IBM 百年演进历程 / 267

1914—1956 年：老沃森的人治时代 / 268

1956—1971 年：小沃森的经典传承 / 271

1971—1993 年：危机在盛世中埋下 / 273

1993—2002 年：起死回生 / 277

2002—2012 年：王者归来 / 287

2012—2020 年：方向正确，脚下泥泞，艰难探索 / 292

2020 年至今：从蓝图到现实，未来可期 / 294

IBM 百年组织转型的经验与启示 / 295

后　记 / 300

01

第一章

组织是连接人脑的"互联网"

2017 年,任正非提出"方向要大致正确,组织必须充满活力"的管理思想后,"组织活力"就引起了很多人的关注、重视和研究。

管理学中很多争论源自概念不清,大家虽用同一个词但所指不一。因此在探讨组织活力以及组织何以基业长青等问题之前,必须回归本源,回答组织到底是什么这一根本问题。

在中国语境中,很多专家与企业高管视组织为一群围绕共同目标而工作的人,更多聚焦通过绩效激励使员工持续奋斗,让团队充满狼性、作风优良、能打胜仗,正如一句经典名言所说:"人是根本,搞定了人就搞定了一切。"

西方语境中的组织,以《美国传统词典(第三版)》为例,该书对组织的五个解释中与管理学相关的有两个:一是为了实现共同目标的一群人(group),罗宾斯的《组织行为学》和巴纳德的《经理人员的职能》中组织的定义与此相符,这个定义与中国语境下对组织的理解相同;二是将一群人协同起来以高效完成商业目标的结构,韦伯的科层组织和明茨伯格的《卓有成效的组织》中对组织的理解即属此范畴。在两者之间,西方管理学更多把组织当成通过界定角色及角色与角色之间的关系来提升团队效能的结构(structure),恰如经典名言

"结构决定功能"。

上述观点看似矛盾,实则一阴(西方科学管理视角下的组织观)一阳(中国式管理视角下的组织观)并相互圆融。企业规模不大时可以按中国式管理思路驾驭组织问题,但企业成长到一定规模后,如果还缺失结构视角下的组织观,那么企业长期可持续高质量发展则几乎不可能。如果企业管理者特别是一把手对组织缺乏正确认知,自己尚在"必然王国",又如何带领规模较大的企业走向"自由王国"?

哲学视角下的组织:本立而道生,无用之大用

为了回答结构视角下的组织是什么这个问题,笔者借用亚里士多德的四因说框架,从质料因(组织由什么构成)、形式因(组织是什么样的)、目的因(组织为了什么目标而存在)、动力因(组织靠什么驱动前行)四个角度揭露隐藏在阳面即"组织是有共同目标的一群人"表象背后的组织本质。

1. 质料因:互联网 VS 脑联网

如果把组织看成物质,那么员工就是原子。如果把组织看成生命体,那么员工就是细胞。组织作为一个系统或者社会结

构，其发展过程就是个体的分化、弱化和残化的过程，该过程在管理学中叫分工。分化、弱化和残化后的个体有重新归一的内在需求，满足上述需求并使分化、弱化和残化后的个体"合众为一"的过程在管理学中叫作合作。分工合作过程中形成的员工和员工之间的联接有三种，分别是权力联接、流程联接和利益联接。其中，权力联接体现为组织架构（organization chart），包括角色定义、权责切分和汇报关系；流程联接是端到端视角下工作及产出成果在不同角色间的流转；利益联接是客户价值在角色间的流转，侧重界定角色在价值创造过程中的预期贡献与分配规则。

从质料上看，组织是员工在分工合作过程中形成的员工之间的联接。形象地说，组织是张"互联网"，不过节点不是电脑而是人脑（经角色联接员工大脑），联接人脑的不是网线而是权力、流程和利益。

2. 形式因：分工提升效率 VS 合作创造价值

组织架构和组织结构常被混为一谈，其实两者区别很大。组织架构是正式组织中的权力联接，表面上是组织架构图，实则是角色定义、权责切分和汇报关系的有机组合。而组织结构（organization structure）非常复杂，下面从职责分维、权力分类和全局整合三个角度进行探讨。

（1）职责分维：分工提升效率

企业特别是大企业为了解决业务高速扩张与后台有效管控之间的矛盾，通常把业务按不同维度进行分类。这些维度可归结为产品、客户和地区三个，其中客户是价值源泉，与战略中的客户选择与价值主张相对应。产品是产品和服务的简称（下同），是满足客户需求的价值载体。地区对应营销中的市场通路，旨在推进产品高效触达客户。三维结构形象地讲就是把业务网格化，让企业最小业务单元同时有多方看管与经营。在协同得当的前提下，这种做法的优点表现在以下三个方面。

一是用内生的开放和透明消解具有直线职能的组织条块分割等先天性问题，大幅降低甚至彻底消除纵向不同层级和横向不同职能之间因信息不对称所造成的猜疑与博弈。因为不同产品线、客户线和地区线，以及人力和财务等职能部门，大家都面对同一片"责任田"，各方都有垂直向上的汇报线，当"责任田"出现问题甚至是有出问题的苗头时，不管责任在谁，任何一方都很难视而不见、隐瞒不报。又因各方须"兵合一处"才能为客户创造价值，且各自的回报均出自客户价值这"一孔"，这决定了各方在工作中必须互通有无、相互补位、高效协同。

二是通过横向水平分工大幅降低工作难度，加快企业的人才复制速度并降低对个人英雄的依赖程度。华为销售"铁三角"中客户经理（AR）对应地区线，主攻客户关系，主要职责是产品销售与客户关系建维;方案经理(SR)对应客户线,主攻解决方案,核心职责是在客户需求洞察的基础上定制客户无法拒绝且企业有利可图的解决方案;交付经理(FR)对应产品线,主攻完美交付,核心职责是确保面向客户的项目都能按时保质交付。如不做这样的分类,或者只在项目层面建立"铁三角"而后台没有与之匹配的地区、客户和产品三维高效"拧麻花",企业就需要培养出很多在客户、方案、交付三个方面都出色的复合型人才,这不但很难,而且无法规避以下三个问题:一是因人才复制慢而丧失市场先机;二是项目成败高度依赖个人英雄而丧失组织灵活性;三是项目和客户信息封闭,上下博弈、反应迟缓,大幅增加因个人能力或喜好等原因所引致的决策风险。

三是推进业务能力组件化,并在此基础上打造"因需而变"的平台型组织,让企业能根据客户需求灵活调整打法、快速优化队形、高效组合资源。大型复杂企业的业务能力解耦可从两个维度推进:一是横向三维,即产品、客户和地区;二是纵向三级,即战略、管控和执行。IBM的组织结构,从地区维度看有北美区、亚太区和欧洲区等,其使命是搭建最优市场通路;从产品维度看有系统、服务、软件与金融等,其使命是为目标客户打造无与伦比且让客户满意的产品;从客户维度看有金融、通信、石化、电子、制造等部门,其使命是基于行业知识和客户需求洞察为客户定制最优解决方案,以增强客户黏性和提升客户满意度。IBM 在过去 20 多年里，以产品线为主，地区线次之，客户线为辅，构建三维立体组织。华为的组织结构采用与 IBM 类似的逻辑，不过华为不叫三维立体组织，而是用了一个很形象的说法——三维高效拧麻花。

不只业务线可将职责分维，职能线也一样。人力资源管理三支柱模型本质上就是对人力资源管理职能的分工，其中人力资源业务伙伴（HRBP）面向业务，聚焦提前发现并高效解决业务发展中与人才吸引、激励与保留相关的问题；共享服务中心（SSC）面向员工，着重高效处理员工发起的低价值但高频率的事务性工作；专家中心（COE）对应产品线，需求多源自业务伙伴和共享服务中心，旨在提供能让员工高效工作的平台、工具与武器，进而降低工作难度并提升组织效能。与传统人力资源部门按招聘、培训、考核、薪酬等分工不同，三支柱模型更强调客户导向，更聚焦价值创造与问题解决。

（2）权力分类：从命令驱动到数字驱动

本质上讲，权力是旨在影响个体自由选择的支配权和控制权。本文基于权力载体和表现形式，将权力分为命令驱动（职能驱动）、流程驱动（方法驱动）和数字驱动（规律驱动）三种。

● 命令驱动。命令驱动包括上级口头指令和上级意志的文字表达——制度。在这个范畴下，有人治和法制（rule by law）两个分支。所谓人治，就是领导者直接发号施令，想怎么干就怎么干。所谓法制,是指领导者把自己的意志转化为规章制度或法律条令。

- 流程驱动。组织把权力授在流程上,固化在系统中,让员工按企业总结出来的流程即最佳实践办事,追求全局最优。与流程驱动相对应的政治学中的权力概念是法治。法治与法制最大的不同是,法治中的"法"是大家共同议定且须共同遵从的——即使是最高统治者也不能例外,法治的理想状态是"王在法下"。用任正非的话讲就是,"我在华为是没有权力的人,权力不在我手里,权力在公司的流程里,我可以讲讲我的想法和看法,但不影响决策和规划"。

- 数字驱动。这里的数字驱动不是绩效激励意义上的数字驱动,考核意义上的数字驱动属于命令驱动。这里讲的数字驱动是指,基于数字化平台用"算法+数据"得出来的规律或真知去驱动和指挥员工做事,即大家按规律办事。从这个意义上讲,数字驱动是"知识就是力量""真理就是权力"在权力领域中的另一种表达。

综上所述,权力从命令驱动到流程驱动再到数字驱动的演进过程,就是企业不断从"必然王国"走向"自由王国"的过程。处于命令驱动阶段的企业,成败取决于老板,老板英明神武、指挥有方,则形势大好,否则江河日下。在流程驱动和数字驱动阶段,已是"王在法下",不过流程驱动中的"法"更多是过往经验的总结和沉淀,是方法和做法;而数字驱动中的

"法"则更上一层楼,直接给出主体当下的最佳选择,可直接替代或辅助决策。命令驱动就好比靠人去捕鱼,流程驱动是用筌捕鱼,而数字驱动是直接给你想要的鱼。"得鱼忘筌"的字面之意是数字驱动之于流程驱动而言最好的表达。

如前所述,权力本质上讲是控制,那么崇尚自由的个体为什么会接受外部权力控制?这涉及权力的效力或权力的服从。服从权力本质上是交易,即员工牺牲自由以换取其看重的价值,通俗讲就是,我可以服从你的"权",前提是你给我我想要的"利"。这个观点是由20世纪下半叶法国最有影响力的思想家福柯提出的。因此,员工对权力的服从度与其对须放弃的自由的看重度(A)成反比,与组织给予的对价(B)及对价与员工需求的匹配度(C)成正比。其中A和C与员工个性及情境相关,"兵无常形,水无定势"以及"甲之熊掌,乙之砒霜"就是这个意思;B是企业拥有的激励资源的子集。企业拥有的激励资源可用MAP^2来概括,即"经典意义"上的钱(money)、名(appreciation)、权(power)和"现代意义"上的精进感/学习与成长(mastery)、掌控感/工作自主性(autonomy)以及意义感/工作本身所具有的意义(purpose),如实现自我和造福众生或改变世界等。"经典意义"的钱、权、名对应人的匮乏性需求;"现代意义"对95后新生代和知识型员工特别重要,更多针对成长性需求。由于这两组激励因子的英文首字母均是MAP,故称其为MAP^2,map一词意为地图,这两组激励因子合在一起就是激发员工高效工作的"活地图"。

控制视角下的权力观和交易视角下的权力观表面矛盾，实则是硬币的两面，二者结合在一起构成了权力作用机制的全部机理。控制视角下的权力观，讲权力的阳面，探讨把自己意志强加给对方并让其遵从的可能性和行动力。交易视角下的权力观，讲权力的阴面，探讨受控者放弃自由并接受控制所要得到的对价。

（3）全局整合：从一维直线型到生态平台型

职责分维探讨分工以提升效率，全局整合研究如何合异质的"众"（部门、单元和个体员工）为和而不同的"一"，即合作以创造价值。基于责权矩阵的组织演进路径见图1-1。从责的维度，可分为一维直线型、二维矩阵型、生态平台型。其中，一维直线型和二维矩阵型的本质区别是同一片"责任田"是对应一方还是两方。对应一方就是一维，对应两方比如地区线和产品线同时看就是二维。生态平台型就是把共性能力构建在平台上，赋能数量众多一线作战团队，高效与敏捷地响应市场变化与客户需求。从权的维度，可分为命令、流程、数字。命令的初级阶段是谁官大听谁的，高级阶段是按制度办事。流程是过往经验的沉淀和总结，当企业按流程办事，大家对规则敬畏时，权力就沉淀在流程之中。数字不能驱动组织，但"算法+数据"所产生的真知能驱动组织，真理即权力，企业按照或参考数字平台洞察出来的规律办事时就能实现数字驱动。

对图 1-1 所列三种典型组织形态解读如下。

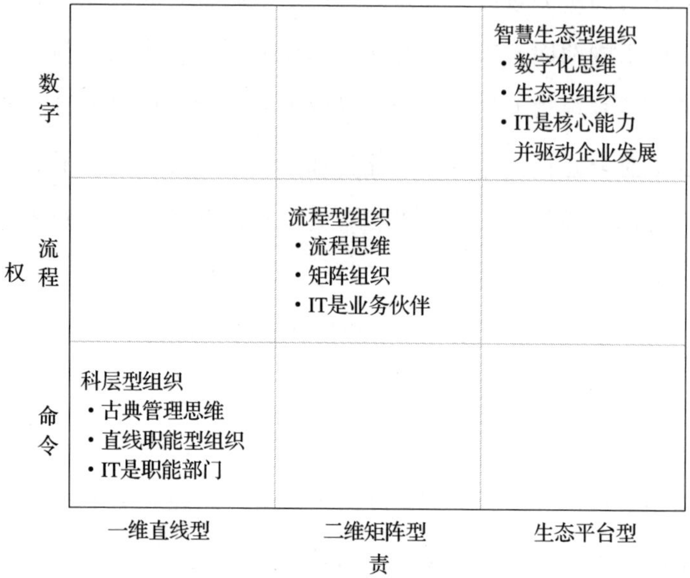

	一维直线型	二维矩阵型	生态平台型
数字			智慧生态型组织 ・数字化思维 ・生态型组织 ・IT是核心能力并驱动企业发展
流程		流程型组织 ・流程思维 ・矩阵组织 ・IT是业务伙伴	
命令	科层型组织 ・古典管理思维 ・直线职能型组织 ・IT是职能部门		

责

图 1-1　基于责权矩阵的组织演进路径

- 科层型组织。科层型组织强调上级对下级的绝对控制，通过"人治+法制"把个体组合成一维直线型组织。与之对应的管理理论是泰勒、法约尔、吉尔布雷斯夫妇和韦伯等人的经典管理理论，强调员工只有一个上级且不应越级指挥。

- 流程型组织。流程型组织要点有三：一是"流程管理例常，命令管理异常"，权力授在流程上；二是用流程端到端拉通职能以高效为客户创造价值；三是与矩阵组织相关，现实中的矩阵组织多为二维矩阵，也有极少数大型企业采用三维立体矩阵组织。与之对应的管理理论是哈默、钱皮以及达文波特等人代表的流程管理理论，强调企业要以客户为中心，须用端到端的流程为客户创造价值并组织工作。

- 智慧生态型组织。把共性能力构建在数字平台上，实时赋能员工高效且敏捷地响应市场变化与客户需求，即《六祖坛经》中的"一即一切，一切即一"。"一即一切"是指不同岗位、不同职能、不同员工的权责能，均为组织这个"一"在不同场景下之分有；"一切即一"是指每个员工都能实时应需调用企业拥有的资源与能力，即便独处于万里之外的异域也不是一个人在战斗，而是有整个组织的实时支持，能够呼唤万里之外平台上的炮火。在战场上，特种小分队在卫星引导下前线突进，发现敌情就呼叫炮火打击，这就是典型的智慧生态型组织。

很多组织结构分类中经常提及的事业部没有出现在图1-1中，主要原因有两个：

- 事业部制是一种分权形式，从更宏观的视角看，与之相应的管控方式是运营管控、战略管控、财务管控。因此，将事业部制和科层型、流程型放在一起，逻辑上站不住脚。正如"今天来的朋友很多，有北京人、湖南人、男人"这个表述，有很明显的逻辑问题。

- 从组织演进视角看，很难说分权的事业部制就一定比集权的公司制要好。其中比较有名的例子，一是商鞅改封建制为郡县制，让弱秦迅速强盛并在百年后一统天下；二是乔布斯重回苹果后优化与简化产品组合，变事业部为直线职能组织，在其后十几年里推出了很多改变世界的伟大产品，把苹果打造成全球市值最大的企业之一；三是从全球大公司演进趋势看，随着数字技术的发展，越来越多的公司正走向"一个集团"，即化零为整，这在一定程度上是逆分权事业部的一种趋势。

仔细研究IBM、华为等企业的组织演进史，我们会发现，科层型组织、流程型组织、智慧生态型组织正好代表了组织发展水平和组织演进方向，如图1-2所示。这证明两点：一是组织发展有规可循，就像社会纵向发展必然沿原始社会、奴隶社会、封建社会、资本主义社会、社会主义社会和共产主义社会演进一样；二是同一行业不同企业的竞争优势与企业所处的组织演进阶段高度正相关。

	科层型组织	→	流程型组织	→	智慧生态型组织
IBM	1956年以前	1957—1992年	1993—2002年	2003—2012年	2013年至今
华为	1998年以前	1999—2002年	2003—2014年	2015—2021年	2022年至今
美的	1997年以前	1997—2011年	2012—2015年	2016—2019年	2020年至今
工程机械行业	山推	柳工	三一重工	卡特彼勒	—

图1-2　组织演进路径

职责分维探究如何通过分工提升效率，权力分类和全局整合则探讨合作创造价值。分工的核心是化整为零以提高效率，其结果是"组"，即把一个整体分成不同的小组。合作的目标是合众为一以创造价值，其要点是"织"，即把分工所形成的

"组"用合适规则"织"在一起并重构成高效运营的整体。从这个角度讲,中国文字博大精深,很多专家一直寻而不得的组织定义就简单地隐藏在"组""织"两个字的意涵之中。

3. 目的因:主观利己 VS 客观利他

关于组织存在的目的或意义,学界有两派观点。一派以德鲁克为代表,基本假设是组织就像机器,组织的目的和价值不能在内部发现,只能存在于企业外部。企业存在的目的就是创造客户并高效为客户创造价值。另一派以阿吉里斯与彼得·圣吉等人为代表,他们认为组织像生命体一样,从诞生的那一刻起就是让自己活着而且活得更好。

表面看这两派观点从基本假设到核心观点针锋相对,实际上这两派观点并不冲突。借儒家之智慧,笔者将上述两派观点概括为"内圣外王"。"内圣"视组织为生命体,按《自私的基因》作者道金斯的说法,所有生命体本性上都自私,都追求自己的基因能持续下去并在更大范围和更长周期的存续。企业实现上述目标须满足三个条件:一是德鲁克所说的创造顾客,用华为的讲法是以客户为中心并给客户创造价值。二是让员工至少是核心员工满意,用华为的话讲是以奋斗者为本,让员工在平台上成长、成就和成才。三是遵规守纪且按社会良俗运营,积极承担社会责任、争做优秀企业公民,用华为的话讲是坚持自我批判。上述条件用经济学中的专业术语表述，就是组织利害攸关者（stakeholder）特别是客户、员工和伙伴能在和组织交易中享受到"消费者剩余"，即在与组织的互动中，客户、员工和伙伴都感觉占了便宜，或至少没吃亏，因而愿意和组织持续交易，这就是"外王"。

综合起来，作为沉淀在员工大脑之中的网络联接，组织从诞生那刻起就是生命体。用儒家的说法，组织的目的可用"内圣外王"来概括；用亚当·斯密的说法，组织的目的则是"主观利己，客观利他"，主观利己是让自己基业长青，客观利他是成就利害攸关者——至少是客户和员工。

4. 动力因：短期靠机会导向 VS 长期靠转型重塑

驱动组织的两类因素及与之匹配的四种组织行为模式如图 1-3 所示。时间维度分为长期主义和短期导向。短期导向通

```
                    长期主义
                      ↑
           转型重塑  |  战略导向
                      |
   内部问题 ←─────────┼─────────→ 外部需求
                      |
           持续改良  |  机会导向
                      ↓
                    短期导向
```

图 1-3 驱动组织驱动因子

常指关注一年内见效，属速赢类的项目，更多站在当下看未来；长期主义是用五年甚至十年后的眼光，站在未来布局当下，做难且正确的事。空间维度分为内部问题和外部需求。内部问题是理想和现实之间不可接受且能改变的差距；外部需求包括客户需求、技术演进趋势以及行业甚至是社会变化及与之伴随而来的机遇与挑战等。

长期主义和短期导向，内部问题和外部需求，看似二元对立，实践中却须圆融。企业发展的不同阶段，需要有不同的取舍。比如在企业规模较小时，更多要讲机会导向和持续改良。当企业发展到一定规模且有历史积累时，如还一味强调机会导向和持续改良，很有可能就是只抓住了明天但不会有未来。

为什么有历史积累的企业需要转型？因为企业的组织和文化与过往生存结构相匹配，越是生存长久的企业、越是成功的企业，其内外部诸要素之间匹配度越高且相互耦合度越紧。在环境稳定且未来可期的时代，这是很大的优势。然而在乌卡时代，如果企业背着"过去成功的井"去勇闯和过去相比已是翻天覆地的天涯，那么其结果已经注定——没落。

企业视角下的组织：三大载体与组织理论升级

当我们把员工、厂房和金钱等资本从企业中抽离之后，剩下的就是组织了。借用文化研究领域中的观点,财务资本、品牌资本和人力资本三者指向企业"有什么",把"有什么"抽离后企业剩下的就是企业"是什么"。人有名声、财产,但这些皆为身外之物。企业也一样,虽然从法理上讲,企业拥有财务资本、品牌资本的所有权和基于合同约定与社会良俗的人力资本使用权,但这些并不是企业。把这些"外在之物"拿掉后,剩下的东西才是本质性的东西,而这个东西就是本章探讨的结构视角下的组织。

前面用哲科思维从四因论视角对组织进行了详细探讨。回到中式思维,组织一词源自纺织。组者,分组之谓也,对应管理中的分工;织者,合成之谓也,对应管理中的合作;组织者,员工在分工合作过程中所形成的结构之谓也。

结构视角下的组织有三大载体:一是建构在社会空间里、存在于员工大脑中的角色意识网,这个角色意识在孔子那叫"名"——"必也正名乎"中的"名",被马克斯·韦伯称为"意义之网",在《人类简史》作者尤瓦尔·赫拉利那叫"虚构现实"(imagined reality);二是建构在物理空间里的生产流水线,用以联接、赋能和替代人类的体力劳动,其中最具代表性的是 20 世纪初福特所建构的生产流水线;三是建构在信息空间里的无形流水线,即用于联接、赋能和替代员工脑力劳动的数字化平台,例如美团的骑手管理平台、滴滴出行等。

组织三大载体分别对应潘云鹤院士提出的三元空间——人

类社会、物理空间和信息空间。潘云鹤认为，世界原来是二元空间，即人类社会和物理空间，近年来因数字技术的迅猛发展和迅速壮大，信息空间不但已经成长为全新一极，且发展最快，对人类社会和物理空间的影响很大。与之相应的是，组织三大载体中迭代最快和颠覆最大的载体是建构在信息空间里的无形流水线。在创新驱动的人工智能时代，这条无线流水线的质量好坏和效能高低将直接影响甚至决定企业命运。

天下万物生于有，有生于无。如果说组织及其三大载体是"有"，那么生出这个"有"的"无"则是企业家的经营管理思想。其中建构在员工大脑中的角色意识网是企业家经营管理思想的"文化"，侧重生产关系和上层建筑；建构在物理空间和信息空间中的流水线是企业家经营管理思想的"物化"，侧重于生产力和经济基础。

实践已经走在前面，组织理论需要与时俱进、迎头赶上。在人工智能时代，数字技术已经改变且正在加速重新定义企业包括产品、服务、商业模式以及生产经营管理等在内的一切。数字技术已经驱动了组织及其三大载体相较于工业 2.0 时代和工业 3.0 时代的颠覆式改变，但是组织领域中的主流理论却依然停留在几十年前。

实践已是"沧海桑田"，理论却"涛声依旧"，这既是当下组织理论面临的困局，也是组织理论面临突破的机会。

员工视角下的组织：赋能 VS 控制

组织和员工的关系非常复杂，一方面，组织作为一种看不见的力量支配和赋能员工，让员工按组织意志以职业化的人格行事，另一方面，作为节点的员工在过程中并非完全被动，而是在和其他节点以及组织自身的互动中反作用于并且迭代更新这张"以人脑为节点的互联网"。这就是组织和员工一起共创价值——看得见的员工固然参与了劳动过程并创造了价值，看不见的组织亦复如是，两者在互动过程中学习与演进。从这个角度讲，劳动不只是创造了人本身，而且创造了组织。学习型组织即发轫于此。

作为结构的组织从被人创造出来那天起，就在对员工进行非人格化的强控制。这层关系，也叫作"异化"——员工创造了组织，组织本应服从和服务于员工福祉，但员工日益被其创造出来的组织所控制，不仅员工如此，企业高层领导甚至创始人亦难逃被组织控制之命运。

企业家视角下的组织：工具 VS 目的

人类所有的发明，都是人类功能的延伸与扩展。马车和汽车是腿脚的延伸，洗衣机是手的延伸，望远镜是眼的延伸等。

作为人类"发明"出来的工具,组织是企业家自身的延伸与扩展,其中阴面的组织是企业家大脑和控制的延伸,阳面的组织则是企业家身体和力量的延伸。从这个角度讲,组织是企业家所有的"发明"中最为重要的一个,是企业家追求梦想最重要的工具与载体。给"发明"打上引号是因为组织并不完全是人类有意识发明出来的,而是人类进化过程中的副产品。当企业对组织的认知停留在阳面,即组织是一群有着共同目标的人的集合时,组织的阴面即结构更多是团队在互动中形成的副产品——这在非正式组织那里体现得更为明显。随着企业规模扩大,组织的阴面(结构)对组织的阳面(团队)的影响越来越大。结构必须从自发演进进入自觉成长,这样才能更好地将战略落地,更高效地承载企业家的追求和梦想。

但凡工具,其效用可用"工具三要素"理论来解读——工具本身、工具使用者和工具使用环境。工具本身好理解,如打仗时一般情况下机关枪比大刀好,飞机大炮又比机关枪好。工具使用者侧重工具和使用工具者之间的匹配,这好比武侠小说中所讲的"人剑合一",倚天剑再好,在凡人手中与菜刀无异。这意味着组织设计和流程再造等从来就没有放之四海皆准的神器。中国现在很多企业变革转型学华为"抄作业",效果不是很好,不是工具本身有问题,而是工具和工具使用者特别是企业家不匹配。工具使用环境对工具使用效果影响很大。橘生淮南则为橘,橘生淮北则为枳,叶相似而味异,环境不同之故也。

作为工具的组织也是这样,企业所处之内外环境对组织效能影响很大。企业不是在真空中运行,组织是有历史积累和集体记忆的"意义之网"和"虚构现实",不考虑这些因素而想速成转型,不考虑企业成长过程中的路径依赖而一味照抄最佳实践,组织变革将会是"轰轰烈烈开始而一地鸡毛结束"。企业要想在人工智能时代做生态缔造者而非跟随者甚至是出局者,那么企业的组织就必须数字化。想用农业时代的金字塔组织在人工智能时代创伟业,实属缘木求鱼。

组织亦是目的。当我们追求基业长青而不仅仅是短期绩效优秀时,就已经把企业当成了生命体。当我们把企业的资产、员工等"身外之物"层层剥离后,最后剩下的就是组织这个看不见的"意义之网"或"虚构现实"。也就是说,我们在追求企业基业长青的时候,本质上是在打造一个伟大的、与时俱进的组织。生意成功、产品成功、组织成功是衡量企业家水平的三重境界。能做到生意成功和产品成功的大有人在,但能做到组织成功的企业家却凤毛麟角。

企业长期成功取决于看不见的组织

企业成败是各种要素共同作用的结果。在这些要素中,内因是决定性的,而内因中最具决定性的因素是企业家及其核心高管团队的思维与认知。企业规模小的时候，英雄可以驱动企业前行。当企业规模扩大之后，所处环境日渐复杂，再凭少数几个英雄已是力有不逮。怎么办呢？短期可用加班加点和聘请更多更强英雄等方式解决，中期须设法提升员工能力，长远之策则是借助组织这个看不见的力量，打造"人机同行"的新局面，用"一阴一阳"的新方式去化解、消融和绕过企业成长路上所遇到的各样难题。

在中国历史或管理实践中，实际上不乏堪称经典的组织管理案例。商鞅变法就涉及组织变革——变分封制为郡县制。华为取得了令人瞩目的业绩，正是得益于其通过流程、文化和人才建设等打造出凝聚了全球 20 多万科技人才的商业组织。

小企业靠英雄与勤奋，而大企业能否基业长青则由看不见的组织所决定。组织由什么决定？由企业家的心性决定。更宏大一些讲，企业是企业家心性的外显。

02

第二章
组织能力"铁三角"

"方向要大致正确，组织必须充满活力"，任正非的这句话委实经典。但对于组织活力是什么，目前大家各说各话。

有人认为企业活力是"企业生产经营活动中的主动积极性和生产发展的力量"，表达虽有些令人费解，但抓住了企业活力的两大要素，即动力和能力。做个类比，当我们说某人有活力时，同样暗含两层意思——能力强且积极。如果某人有能力但消极，我们不会说他有活力；反过来，一个人非常积极但工作能力差，我们也不会说他有活力。由此可以得出以下公式：组织活力＝组织能力 × 组织动力。

在实践中，把能力建在组织上，使组织能自学习、自迭代、自演进和自纠错，让企业摆脱对资金、技术和人才的三重依赖，进而基业长青，是很多企业家追求的梦想。虽然很多企业家有这样的追求，并且也投入了大量精力和资本打造组织能力，但是实践中失败的案例远比成功的案例多。

为什么会出现这种情况？很重要的一个原因是，企业在组织能力建设过程中，没有正确的方法论做指导。这一点可以理解，因为虽然组织能力和组织能力建设火遍企业管理实践界与理论界，但如果一定要从哲学角度追问，什么是组织能力，很多人都会顾左右而言他。如果我们对什么是组织能力都没有共识或者缺乏科学认知,那组织能力建设当然是在"必然王国"碰运气。

基于对组织本质的解读,组织一阴(结构)一阳(团队),团队视角下的组织能力"杨三角"已有定论,那么结构视角下的组织能力又该如何定义和建设呢?

重新定义组织能力:于乱象中见本质

组织能力是近年来一个被广泛提及的词,但不管在学术界还是实践界,大家对什么是组织能力并没有形成共识。本文先从影响力较大的经典理论回顾切入,再探讨组织能力的本质及建设之道。

1. 杨国安教授的组织能力"杨三角"

组织能力"杨三角"的主要观点如下:(1)企业持续成功靠两个因素,即战略和组织能力;(2)战略落地关键在组织能力;(3)组织能力是团队整体发挥的战斗力;(4)提升组织能力有三个抓手,员工能力、员工思维、员工治理;(5)组织能力建设,CEO是推动者,人力资源部门是关键。

从上述观点看,杨国安教授更侧重于从人力资源视角解读组织能力，其背后的假设是组织是一群人的集合，故而认为组织能力就是团队战斗力。和那些只见"树木"（个体）而不见"森林"（团队），因而把精力聚焦在"选用育留汰"上的人力资源管理经典理论相比，融合了团队动能、组织文化的"杨三角"把人力资源管理视角上升到了团队和企业层面，其进步意义和实践效果无须怀疑。但组织既有个体视角的"团队"阳面，也有流程视角的"结构"阴面，让人力资源部门主导组织能力建设，先天就忽略了流程即业务视角下的组织能力，这在实践中当然会造成困惑。下面举两个例子说明。

第一个例子是华为的研发能力建设。没有进行集成产品开发（IPD）之前，华为产品上市周期（time to market，TTM）平均时长18个月，同期爱立信TTM是9个月。在电信设备制造行业，TTM比竞争对手慢9个月，意味着人家吃肉你喝汤。这个结果华为当然不能接受，所以在内部通过各种方法，如同一项目两个团队竞争，试图通过燃烧员工激情的方式解决这个问题，但是收效不大。任正非与国内很多知名专家教授交流无果，后来聘请了IBM，1998年引入了其IPD体系，取得了巨大的进展。IPD导入1年后，TTM缩减到13个月，华为研发能力大幅度提升。华为研发能力的提升，核心不是员工思维、员工能力，甚至不是杨教授笔下的员工治理，而是流程。流程是什么？流程是协同一群人朝一个目标共同努力的最佳实践，用华为自己的话讲是过往经验的沉淀与总结。

第二个例子发生在美国电信行业。2007年笔者访谈中国移动某省公司的一把手,这位领导讲了一个例子:美国威瑞森公司在市场上推出一个套餐服务,对其他运营商打击很大,斯普林特一周后就推出了应对套餐,而美国电话电报公司在两周后才有回应。(这里需补充一个背景知识,电信运营商推出一个新的套餐服务有三个环节,一是计费系统做出改变,二是营业前台的培训完成,三是营销广告包括宣传页发放到位。)他讲完后,我问他,如果联通新推出一个套餐服务,移动要做出完整应对需要多长时间?他思虑良久说要一个月。访谈给我们留下的印象很深。从他的角度讲,自然是希望中国联通推出套餐后,中国移动第二天就能响应,但是客观上公司做不到。背后的原因,不是他作为一把手没权力,也不是员工无能力,而是这个事情不简单,在横向上需要市场、广宣、业务支撑、信息技术、人力资源、财务等多部门配合,在纵向上需打通省、市、县各级公司以直达渠道和客户。表面上看起来很简单的推套餐活动,实则是企业整体作战,推出速度取决于组织的整体能力。作为公司一把手,在庞大的组织面前,个人意志很多时候只能起到促进或加速作用,但并不能改变组织自身内在的运作规律。

2. 国外文献中关于核心能力学派的组织能力

国外学术界对组织能力的定义五花八门。虽然西方学者对组织能力的定义各不相同，但基本有一个共识，那就是组织能力由流程、文化和 IT 系统耦合而成。

"核心能力"概念源自普拉哈拉德和哈默尔于 1990 年发表在《哈佛商业评论》上的《公司的核心能力》。这篇文章提出了核心能力的概念和属性，但没有给核心能力下定义，这些属性包括与组织学习相关、为组织拥有、是企业竞争优势的源泉和基石、能帮助企业开拓市场、给客户带去价值、不易于被竞争对手模仿等内容。此文一经问世，风靡理论界和业界，二人也成为战略学中"核心能力学派"的代表人物。经过 4 年的探索，普拉哈拉德和哈默尔在 1994 年对核心能力下了一个定义——核心能力是一组能给客户提供特定价值的技术（technologies，由机器承载）和技能（skills，由员工承载）。该定义相当精简，抓住了两个要点：一是核心能力是技术和技能的组合，产权归员工所有且迁移性很强的能力和特质，如服从性及个人拥有的关系网络并不是组织的核心能力。二是核心能力必须能给顾客创造价值，客户不认可的能力不是核心能力。

基于上述两大要点，笔者可做三点解读。第一，技术和技能的组合构建成核心能力，归员工个人所有但未被组织化的能力不是组织能力，光有设备而没有基于设备的诀窍也不是核心能力。第二，核心能力定义中的技术，不只包括看得见的设备（如机床和高端诊疗设备），还有看不见的流程［如 IPD 及从线索到回款（LTC）］，以及把流程固化为协同流水线的 IT 系统

[如产品生命周期管理（PLM）和客户关系管理（CRM）等］。第三，核心能力定义中的技能，不仅包括员工个体的诀窍，还包括群体在一起形成的文化习惯，用野中郁次郎的话讲是从属于"场"的暗默知识。

杰伊·巴尼在 1991 年提出了组织能力判断的四条标准：价值（value）、稀缺性（rarity）、难以模仿性（imitability）和组织（organization），并在 1995 年对四条标准进行了完善，这四条标准在战略管理和组织能力领域很有名气，简称为 VRIO 框架或 VRIO 模型。

把普拉哈拉德和哈默尔的核心能力定义和巴尼的 VRIO 模型加在一起，我们对核心能力的理解就清晰了吗？不完全是，否则学术界对核心能力就不会有这么多的定义或分歧了。作为部分的核心能力尚且如此，作为整体的组织能力更复杂。

3. 重新定义能力

要讲清组织能力，首先必须弄明白什么是能力。

有人对能力是这样定义的，"能力是完成一项目标或任务所体现出来的综合素质""能力是掌握和运用知识技能所需的个性心理特征"，这些定义虽然挑不出错，但却有些让人找不着北。

我们认为：能力和实践活动紧密相连，是主体在认识和改造世界的过程中所积累的知识和惯习之总和。以下是对该定义的解读：

- 能力和实践活动紧密相连。能力指向具体活动，比如跑步、游泳、思维、创新、沟通、驾驶等。在这个层面上它描述的是履行某类活动或完成某项任务的可能性。
- 能力是主体认识和改造世界以实现特定目标的工具。能力与主体追求的目标紧密相关，是主体实现目标的工具。在这个层面上它表达了主体聚集和运用能力以期在竞争中取胜的核心意涵。
- 能力是主体积累的知识和惯习之总和。知识有两种状态，一是易于言表的显性知识，如波特的五力分析模型等；二是难以描述的暗默知识，如人才甄选中的识人法则等。惯习是主体在特定场景中的下意识反应，是主体在追求特定目标时的知行合一。用《人类简史》中的观点解读，知识和惯习都是主体积累的算法，区别是主体应用知识解决问题时大脑仍需意识的参与，而惯习则已将算法固化成模块反应且存入了下意识。从这个角度讲，能力虽然有先天禀赋之异，但更多是主体后天在实践中所习得的。

将上述讨论收窄到企业，员工能力是企业关心的员工在工作中具有创造价值潜能的个人属性的总和，这些属性既包括可观察和感到的知识、技能，也包括客观存在但难以感知的素质。对此阐述最清晰也最有影响力的是麦克利兰的冰山模型（见图2-1）。

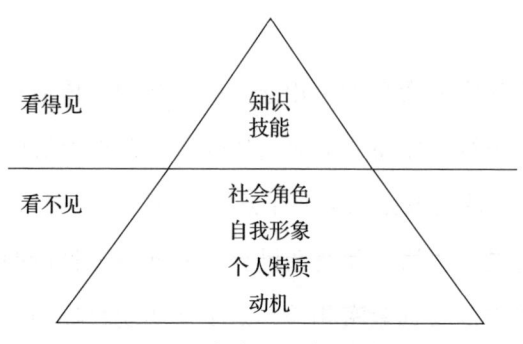

```
          /\
         /  \
看得见   / 知识 \
        / 技能  \
       /--------\
      / 社会角色  \
看不见/  自我形象   \
     /   个人特质    \
    /     动机        \
   /_____\
```

图 2-1　麦克利兰的冰山模型

4. 从本质出发重新定义组织能力

在界定组织能力之前，先申明本书所讲的组织能力不是领导组织员工干活以完成目标的能力——这个意义上的组织能力属于领导力范畴，不在本书探讨之列。本书所探讨的组织能力，重点是结构视角下的组织所具有的能力。

借用解释抽象概念的"体相用"架构（体指本质、相即形式、用讲功能），结构视角下的组织能力可定义如下：

体：组织能力是员工在理解组织利害攸关者需求并为之创造价值的过程中积累并沉淀在组织中的知识和惯习的总和。

相：结构视角下的组织有三大载体，分别是人类社会里的角色意识网、物理空间里的生产流水线和信息空间里的数字化平台。上述三大载体就是组织能力在三元空间所呈现的相。

当我们视组织为结构时，组织能力是组织作为一个看不见的主体和员工一起参与企业价值创造时展现出来的属性,这个属性可从组织在企业价值创造过程中的载体形态(what)、作用机制(how)和价值贡献(why)三个维度来探讨,如表2-1所示。

表2-1 结构视角下的组织与价值创造

载体形态(what)	作用机制(how)	价值贡献(why)
人类社会里的角色意识网	通过员工的职业化(对工作而言)和组件化(对系统而言)让作为整体或系统的组织更高效地创造价值	客户:更低成本、更快速、更好质量 企业:减少对人才特别是英雄的依赖 员工:站在巨人肩膀上更快地成长
物理空间里的生产流水线	联接、赋能和替代员工的体力劳动	
信息空间里的数字化平台	联接、赋能和替代员工的脑力劳动	

用:组织能力是企业竞争优势的重要来源。作为一个客观存在,结构视角下的组织在企业价值创造过程中有如下三大作用:

● 联接:联接看得见的个体员工为看不见的协同网络,该网络有三个载体,分别是人类社会里的角色意识网、物理空间里的生产流水线和信息空间里的数字化平台。

● 赋能:赋能的英文是enable,意为"你不会但我让你学会"。组织赋能有三种形式:一是知识赋能,即通过沉淀在组织里的知识和经验——野中郁次郎所讲的暗默知识和文本知识——让"场"内员工的工作能事半功倍。二是工具赋能,即通过设备和数字平台让员工"看见看不见的事物、知道不知道的事物、关联不关联的事物、做到做不到的事情"。三是结构赋能，即员工虽专注某细分领域，但却能因自己是整体结构中的有机组成部分而站得更高、看得更远、成长更快，这在 IBM、华为、阿里巴巴和腾讯等"大厂"的员工身上表现得尤为明显。

● 替代：由组织直接替代员工工作，比如生产流水线上的设备和数字化平台上的"虚拟员工"等。大家高度关注以 ChatGPT 和谷歌 Gemini 为代表的人工智能，一方面是因为它们让人类的工作更加高效，另一方面则是人工智能（AI）对人类自身的替代，即 AI 兴起意味着广大员工失业，这是一个伴随 AI 兴起而不得不面对的十分棘手的社会问题。

上述定义虽逻辑严密但依然抽象，为帮助读者更好地理解这个概念，我们从以下五个方面加以诠释：

● 组织能力与企业战略相关，与生产经营活动相联。我们可将组织能力分为研发能力、营销能力、生产交付能力、客户服务能力等，与企业战略无关、对生产经营活动无益的"能力"皆为"内卷"。

● 组织能力与被组织化的员工能力相关，而非员工个人能力之和。未被组织化的员工能力即使参与价值创造亦只是生产经营待摊销中的成本，而不是能创造"剩余价值"的资本。那什么是被组织化的员工能力呢？这是指员工作为节点，其个人能力已被联接和内嵌到"协同网络"的部分。我们举三个例子。一是部队转业到企业的军官，在部队是神枪手，除非企业让其从事射击相关工作，否则这项能力就没有被组织化。二是在大规模精细分工体系下培养起来的"大厂明星员工"在初创型民企鲜有建树，这是因为之前使他优秀的表面上看是个人资质，实则优秀业绩是他和"大厂"平台体系共同作用之结果，而初创型民企却没有这样的平台，故过往让他闪光的能力很难嵌入新平台，因而失色。另外新东家期待的是全能型冠军而非节点或细分领域的高手，而这些人却不是，故而失望。三是企业战略变化引发组织变革和产生转型时坚决反对变革的员工，即员工的能力客观上是组织转型之必需，但同时也是组织变革发展之阻碍，这也是很多企业在转型时说"不换脑袋就换人"的原因。

- 组织能力与设备本身无涉，但与组织使用设备的方式和效能相关。有人反驳说，商店的位置是其商业竞争优势的重要来源，难道这不是企业的组织能力吗？商店所在地不是组织能力，而与之相关的选址能力才是组织能力。具有黄金地段属性的商店是可用货币计量的财务资本，而不是企业的组织能力。任正非认为，"人才不是华为的核心竞争力，对人才进行有效管理的能力才是企业的核心竞争力"，这讲的是同一个道理。

- 组织能力有资本属性，产权归组织而非员工所有。组织能力的资本属性有两层含义：一是组织能力由投资形成，这一点看华为在研发、供应链、财经管理以及企业文化建设等领域持续多年的投资就能够理解。二是组织能力能联接、赋能和替代员工，直接为利害攸关者创造价值。这一点下文有详述，此处不赘述。当市场各方完全理性时，组织能力是剩余价值的唯一来源。

- 组织能力有四种表现形式，即文档、规则、工具和惯习。文档需要内化于个体才能为企业创造价值，且应用效果因个体不同而有差异。另外，文档之所以被传承是因其被实践证明有用，或被逻辑证明有理。规则具有强制性，是员工工作时须遵从的指令，流程和规范均属此范畴。严格意义上讲，规则是文档的特殊表现形式，不同的是规则因权力而存在，文档则因有效而延续。工具是文档和规则的"物化"，设备、数字化平台和流程机器人等均属此范畴。惯习是文档和规则的"文化"，是涂尔干笔下的"集体意识"及沙因笔下的"组织文化"之中的重要部分，其最高境界是个体虽为组织所裹挟亦乐在其中，甚至认为自己就是企业之主人翁，这个时候的员工已被企业彻底改造。需要特别指出的是，文档、规则、工具和惯习本质上都是知识，是知识的不同载体或表现方式。上述四种表现形式归根结底是知识，用赫拉利的话讲就是"算法＋数据"，其中规则是场景化和强制化的知识，工具是知识的物化，惯习是过往知识的集体意识化和模块算法化。

本书作者之一欧阳杰读博期间主要研究人力资源和组织文化，博士毕业后之所以进入IBM工作，一个重要动机是想弄清楚IBM何以在"城头变幻大王旗"的IT行业基业长青。进入IBM之前，他以为是文化的力量，进入后发现虽然IBM有特色鲜明的文化，但是从更直观的视角看，应是始自郭士纳、成于彭明盛的组织能力建设实践才让 IBM 走到了今天。华为从 1998 年起与 IBM 合作长达二十多年，学的不是文化理念，而是基于理性用流程和系统固化理念的组织能力建设，如集成产品开发（IPD）、集成供应链（ISC）、财经转型（IFS）和业务领先模型（BLM）等。

人工智能时代组织能力建设方法论：组织能力"铁三角"

前面花了很大篇幅重新定义组织能力，目的不是在理论上让组织能力能逻辑自洽，而是为了在实践中找到更好的方法去建设组织能力，这样才能更好地帮助企业实现短期绩效优秀、长期基业长青。

IBM 的组织能力建设沿着三条主线进行——业务流程（business process）、组织模式（organization model）和数字技术（digital technology），华为将其简化为打法（practice）、队形（order）和工具（tool）——打法对应业务流程，队形对应组织模式，工具虽对应数字技术但内涵比数字技术更宽。沿此思路，结合 IBM、华为等特大型企业组织能力建设实践，我们总结出了一套如图 2-2 所示的组织能力建设方法论，简称为组织能力"铁三角"。其中，智慧企业具有自学习能力，能像生命

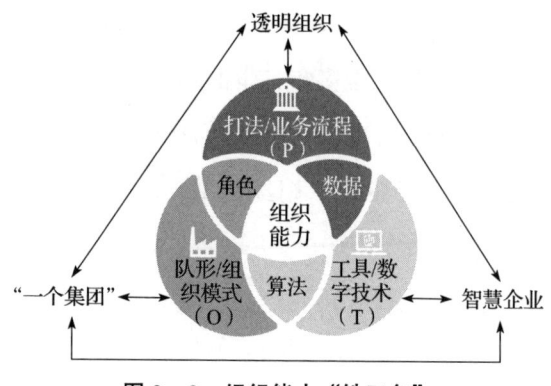

图 2-2 组织能力"铁三角"

体一样理解、学习、推断和行动,进而赋能员工、客户与伙伴。透明组织的特征是结果可测、过程可视、原因自明——用流程和IT解构"价值创造—价值评估—价值分配",使之透明且因果链清晰。"一个集团"是指系统大于部分之和,企业既要分工(化整为零)以提升效率,更要协同(合众为一)才能创造价值。"一个集团"即一个团队,一个梦想(One Team, One Dream)。郭士纳执掌IBM期间力推的"一个IBM"(One IBM)和彭明盛主政IBM时力推的全球整合企业(GIE)均属此范畴。从打法、队形和工具三条主线切入组织能力建设并持之以恒,是人工智能时代有志登顶胜出的企业在组织建设上的必由之路。

如图2-2所示,组织能力"铁三角"的核心意旨有三,现解读如下:

● 人工智能时代组织演进方向是组织数字化或智能化,即在数字空间固化甚至是复制由知识和惯习为本体的组织能力以更加高效地联接、赋能和替代物理世界中的员工。

- 数字化或智能化的组织有三大特征，即"一个集团"、透明组织和智慧企业。其中，"一个集团"的意思是指企业成为一个整体，为一个目标而努力，与之相对的是企业大而全、小而全，虽大却不强；透明组织的意思是结果可测、过程可视和原因自明，与之相应的是企业部门墙壁高垒且基于信息不对称相互博弈；智慧企业是指企业就像生命体一样有自学习、自修复和自演进的能力，能联接、赋能和替代员工。
- 组织数字化转型和组织能力建设均从打法/业务流程、队形/组织模式和工具/数字技术三条主线切入。围绕上述三条主线的更详细的组织能力"铁三角"在本书第五章中详述，这里不再展开。

组织能力建设过程就是企业用"吸星大法"聚员工个体知识和经验为组织所用，然后再因需而变地反哺个体，让个体更加高效地工作的过程。

需特别指出的是，组织能力虽是后天习得，但却并非完全人为设计，组织能力建设是历史和逻辑的统一。历史是指组织能力是生产经营过程中诸多因素因缘和合之果，其中有很多非理性因素。逻辑是指，组织能力建设需要精心设计、强力主导、分步实施、持续投入、总结复盘以及持续迭代。这就好比花园繁花盛开需要园丁的精心照顾和细心呵护，但我们绝不能说花开如画是园丁一己之力。

被重新定义的组织能力靠谱吗？

验证本书给组织能力所下定义是否靠谱可从三个角度展开。一是从组织的角度，组织能力的定义与"组织的实际能力"两者逻辑是否自洽？二是从能力的角度，组织能力的定义与大家对"能力"的理解是否相通？三是从实践的角度，组织能力的定义能否真正指导企业特别是大企业务实推进组织能力建设？

1. 从"组织"到"组织能力"

组织和组织能力一脉相承。从哲学上讲，对组织这一"本体"认知不清，那么组织能力也就是无源之水。前文借用四因论解构组织，本章用"体相用"架构来解构组织能力，两者关系参见表2-2。

表2-2 组织与组织能力的关系

从"四因论"看组织	从"体相用"看组织能力	两者的关系
质料因：组织是张"互联网"，节点是人脑（经角色联接员工大脑），联接大脑的是权力、流程和利益	体：员工在理解组织利害攸关者需求并为之创造价值的过程中积累并沉淀在组织中的知识和惯习之总和	组织能力之"体"（知识和惯习）沉淀在组织之"质料因"（节点是人脑）之上。组织在"人机同行"的价值创造过程中所做之贡献归结到底均为知识和惯习

续表

从"四因论"看组织	从"体相用"看组织能力	两者的关系
形式因：从职责分维、权力分类和全局整合三个角度将组织解读为分工协同网络	相：组织能力的三大载体，即角色意识网、生产流水线和无形流水线	组织能力之"相"是组织"形式因"在社会空间、物理空间和信息空间中的呈现形态，和员工一道共同参与企业价值创造过程
目的因："内圣外王"或"主观利己，客观利他"	用：组织有三大功能，即联接、赋能和替代，组织能力是企业竞争优势的重要来源	两者关系在表2-1中已有展现。组织不仅能创造价值，而且能创造剩余价值。因能创造剩余价值，故组织可"内圣外王"
动力因：从时间（短期导向VS长期主义）和空间（内部问题VS外部需求）探讨驱动组织的力量	组织能力的外延：组织能力与企业生产经营活动紧密相关，可细分为研发能力、营销能力等	驱动组织前行的四种模式包括转型重塑、战略导向、机会导向、持续改善，必须落在研产供销服等具体活动上，其着力点是组织能力的迭代与演进，其成果体现为组织能力三大载体变迁

从表2-2可以看出，本章对组织能力所下的定义，是对组织本质探讨的自然延续，两者一脉相承，逻辑自洽。针对表2-2补充说明三点：

● 组织在实践其目的因的过程中不仅创造价值，而且能创造剩余价值。在充分竞争的劳动力市场中，企业利润不是源自资本对劳动的剥削，而是产权归企业所有的组织能力的变现，就像员工工资是人力资本在劳动力市场上的变现一样。

● 组织具有联接、赋能和替代三大功能，这三大功能本质上是沉淀在组织这张协同网络中的知识和惯习之价值在不同场景下的展现。组织在发挥三大功能的过程中与员工一起创造价值，并在这个过程中迭代和再造自身。

● 组织能力的外延可从两个视角考察，一个视角是组织能力的分类，即与生产经营活动密切相关的研发能力、营销能力和生产与交付能力等；另一个视角则是组织能力的载体，即角色意识网、生产流水线和无形流水线等。

2. 从"能力"到"组织能力"

能力和组织能力之间的对应关系见图2-3。该图表明，能力与组织能力两者的相关度极高。这从侧面验证本书对组织能力的定义符合常识，且与人们的认知习惯高度匹配。

3. 从理论到实践

首先，从打法/业务流程、队形/组织模式和工具/数字技术三条主线切入组织能力建设是IBM、华为以及很多大型企业的最佳实践，在实践中已证明其行之有效。该方法源自IBM，且被埃森哲、德勤等公司广为借鉴，是人工智能时代企业转型升级中应用最为普遍的方法之一。

其次，组织能力建设得比较好的企业在知识管理、规则构建、工具创新和文化建设上都有建树，这和组织能力的四种表

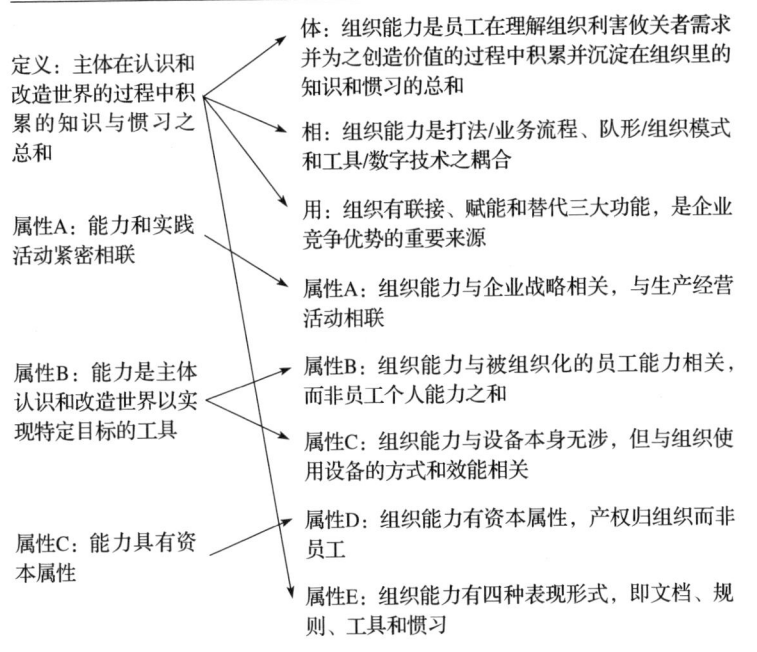

能力	组织能力
定义：主体在认识和改造世界的过程中积累的知识与惯习之总和	体：组织能力是员工在理解组织利害攸关者需求并为之创造价值的过程中积累并沉淀在组织里的知识和惯习的总和
	相：组织能力是打法/业务流程、队形/组织模式和工具/数字技术之耦合
	用：组织有联接、赋能和替代三大功能，是企业竞争优势的重要来源
属性A：能力和实践活动紧密相联	属性A：组织能力与企业战略相关，与生产经营活动相联
属性B：能力是主体认识和改造世界以实现特定目标的工具	属性B：组织能力与被组织化的员工能力相关，而非员工个人能力之和
	属性C：组织能力与设备本身无涉，但与组织使用设备的方式和效能相关
属性C：能力具有资本属性	属性D：组织能力有资本属性，产权归组织而非员工
	属性E：组织能力有四种表现形式，即文档、规则、工具和惯习

图 2-3　能力和组织能力的对应关系图

现形式即文档、规则、工具和惯习可谓一一对应。

最后，借用组织能力"铁三角"框架，沿着业务流程、组织模式和数字技术三条主线考察人类自农业社会以来的组织建设实践，以及实践背后的管理理论，可以发现，本书所定义的组织能力，以及组织能力建设方法，是对已有实践的"发现"，或者说是逻辑总结（见表2-3）。需要指出的是，虽然在农业社会并没有出现"组织"一词，但这并不代表那个时代没有组织和组织能力建设。

表 2-3　大历史视角的组织能力建设实践演进

	农业时代到工业 2.0 时代	工业 3.0 时代与信息化时代	工业 4.0 时代与数字化时代
组织模式	• 商鞅变法：中央集权和金字塔式组织的兴起 • 自通用汽车始的事业部兴起 • 分工合作：福特生产流水线	• 二维甚至是三维矩阵组织，端到端流程拉通与事上赋权、跨部门虚拟团队 • 西方全球大企业的"一个集团"之风劲吹，全球大企业的运营型管控总部 • 组织扁平化与授权	• 前中后台与智慧生态型组织：敏捷前端，强大后台；资源共享，整合运营
业务流程	• 动作研究与工时研究，标准化与福特生产流水线 • 质量圈与全面质量管理	• 流程优化与再造：将最佳实践和过往经验固化为流程，把权力授在流程上 • 精益管理与六西格玛的兴起	• 流程自动化与智慧化/机器人流程自动化（RPA） • 可推荐以及"可预见+可预荐"：决策在线与数字驱动
数字技术	• 无	• 流程信息化与无形流水线：流程信息透明、决策算法透明、决策后果透明	• 智慧企业：在线赋能，知识图谱与知识在线，人机同行和纠缠演进

组织能力"铁三角"与组织能力"杨三角"须两手抓、两手硬

第一章指出，组织的一阴（西方科学管理视角下的组织观）一阳（中国式管理视角下的组织观）相互圆融，前者视组织为

"结构",后者视组织为"团队"。

结构视角下的组织能力定义与建设方法论是本书研究的重点,以组织能力"铁三角"为代表,团队视角下的组织能力定义与建设方法论以组织能力"杨三角"为代表。从这个角度讲,企业组织能力建设须"两手抓、两手硬":一手抓团队视角下的组织能力建设,一手抓结构视角下的组织能力建设,两者同时着手,协同"拧麻花",才能把能力嵌入组织,固化到流程和数字平台上,进而让企业的组织能力建设步入"自由王国"。

03

第三章
组织动力"铁三角"

组织活力＝组织能力 × 组织动力。看到组织动力，很多人很快会联想到，组织动力是员工在工作过程中所表现出来的积极性、主动性和创造性，为表述简便，下文将员工的积极性、主动性和创造性简称为"员工三性"。当我们视组织为个体员工所组成的群体或者团队时，组织动力就是"员工三性"，与之对应的管理实践是薪酬与绩效管理。这个理解对规模不大的企业已经足够，但是对大企业和志在长远的企业家来说，还需关注结构视角下联接人脑的那张"互联网"所内生的动力。

结构视角下的组织内生动力

员工有动力，这很好理解。探讨结构视角下的组织动力前须回答，组织是否有动力？这个问题可从两个层面探讨。第一个层面是，如果我们视组织为生命体，那么作为生命体的组织当然有动力，于是这个问题自带答案而无须探讨。第二个层面是，结构视角下的组织是否有动力？在回答这个问题之前，先看一个例子。

本书作者曾和一位深度参与 IBM 和华为合作的华为高层交流，问他对 IBM 的看法。这位高层说，IBM 的流程、文化和机制都很不错，就是人太懒了。这句话道出了外资企业过去二十年在中国持续衰落的根源。表面原因是绩效和激励机制不足，根因却是中国区作为一级组织的内在动力严重不足。这级组织的动力严重不足的原因有三：一是权力外生，中国区只是总盘子的一部分，故存在严重的"拍板的不负责，负责的不拍板"问题。二是文化差异，大牌外企中国区高管团队很少有中国人。三是把中国视为打粮食的地方。有人会反问，如果是这样，那么为什么之前爱立信那么厉害？原因很简单，那时爱立信正如日中天，而那时的华为和中兴则是白手起家。

从以上例子可以看出，仅从员工或者高管绩效激励机制角度探讨企业缺乏活力、江河日下的原因，也许能得出看起来很有道理的部分答案，但如果仅停留在个人或高管层面，终究是螺蛳壳里做道场，不得要领。因为高管个人层面的动力不足是组织本身缺乏动力的结果。这说明，结构视角下的组织，自身就有内生动力。

组织动力"铁三角"：激发"员工三性"的制度性安排

既然组织动力是组织内生属性，那么要探讨组织动力还须回到组织本质,参见表 3-1。

表 3-1 组织及组织动力

从"四因论"看组织	从组织到组织动力
质料因:组织是张"互联网",节点是人脑,联接大脑的是权力、流程和利益	经济视角:知识产权归属与收益分配
形式因:从职责分维、权力分类和全局整合三个角度将组织解读为分工协同网络	政治视角:股权结构与权力分配
目的因:"内圣外王"或"主观利己,客观利他"	愿力视角:事业追求
动力因:从时间和空间维度探讨驱动组织前行的力量	愿力视角:人生意义

1. 经济视角:知识产权归属与收益分配

巴纳德认为,组织是一个协同体系,包含协作意愿、共同目标和信息沟通三大要素。为了使组织存续与发展,组织需要给员工提供恰当的诱因。当我们说组织是张"互联网"时,同时也有一个问题,即网络节点上的员工个体,何以放弃自己珍惜的自由和全面发展而选择服从和自我异化——员工在企业中"入模子"的过程就是员工自我异化的过程。这个选择于理性个体而言,当然需要有足够的诱因。从诱因探讨组织动力,经济学提供了交易和产权两个视角。交易视角指向个体,在第一章中笔者将其总结为 MAP^2——经典意义上的"钱、权、名"和现代意义上的精进感、掌控感和意义感,这里不再赘述。接下来聚焦产权视角,这里的产权不是指法律意义上的股权,而是作为脑力劳动成果的知识产权。

工业 1.0 时代和工业 2.0 时代,员工在价值创造中处于附属角色,企业基于短期交易原则支付员工报酬,如计件、日薪、周薪等。1934 年,IBM 废除计件工资制,实行月薪和年薪制。工业 3.0 时代和工业 4.0 时代,知识不但实时参与价值创造,还被沉淀为"算法+数据"且作为组织资本的有机组成部分参与后续价值创造。在这种情况下,如果继续默认组织资本归股东所有,不但于情、于理、于利皆不合适,而且不能激励员工与企业共赢未来。因此,确认员工特别是核心员工之于组织资本的贡献并确认其份额,在理论和实践上都有必要。更深层次的问题是,知识工作者除了享受当期基于绩效看起来还算公平的回报外,是否有资格参与组织资本在后续价值创造过程中所创造的价值的收益分享?对这个问题的处理,1998 年发布的《华为基本法》可谓有超越时代的先见之明。《华为基本法》明确指出"劳动、知识、企业家和资本创造了公司的全部价值","知识资本化与适应技术和社会变化的有活力的产权制度,是我们不断探索的方向",在随后的实践中,华为创造了全球大企业员工持股人数占比最多和员工持股比例最高的纪录。

德鲁克说,知识工作者管理是 21 世纪管理最大的挑战。挑战主要表现为知识工作者的个人能力很难衡量、劳动过程很难监控、价值贡献很难评估。如果能有效解决能力测评和价值评估两个问题,那么德鲁克的世纪管理难题就可以解决。IBM、谷歌和华为等优秀企业的实践表明，知识劳动者的能力测评已经不是难事。对知识工作者在价值创造过程中的贡献评估可分为两部分，一是对当下业绩如代码数量和代码质量等进行评估，二是对组织资本积累的贡献进行评估，如对产品 TTM 的改善以及经验被固化在平台且被广泛调用等进行评估。当前业绩激励可用工资加奖金等方法解决，对组织资本累积的贡献体现在"剩余索取权"或股权激励中。

收益分配的另一个视角是由财务核算颗粒度所决定的阿米巴激励。如果财务核算能细到员工个体，那么每个员工都是阿米巴，员工"不待扬鞭自奋蹄"就能成为现实。清晰核算每个环节的价值增值及参与者贡献就是"业财人合一"——在业务推进中（业——价值创造）评估价值增值（财——价值评价），并核定员工应得价值（人——价值分配）。企业信息系统若能实现"业财人合一"，知识型员工的管理就不再是 21 世纪的最大挑战。

2. 政治视角：股权结构与权力分配

股权决定治权，但这并不是说，有什么样的股权结构就一定会有什么样的公司治理，同样的股权结构可采用不同的治理方式。什么股权结构才是好结构？常识上，一股独大和过于分散的股权结构都不是好结构。当表决权和股权分离时，上述常识另当别论。

权力分配在两个层面进行。一是"三会一层",即股东会、董事会、监事会和经理层,讨论"三会一层"的学问主要是公司治理,重点探讨在所有权和经营权分离的背景下,所有者和经营者之间的责权利分配。二是企业内部的组织结构,主要界定经营者的责权利如何在企业内部分配。

当业务单元数量和复杂程度超过企业家及其核心高管团队所能管理的范畴时,分权就成为必须。全球集团型企业在分权上的管理实践有"诸侯制"、"郡县制"和"平台制"三类。

- 诸侯制。业务单元"大而全、小而全",总部管成员企业的班子任免(管帽子)与绩效考核(管票子)。

- 郡县制。总部直管业务如生产、研发和营销等,各业务单元类"组件化生存"。单个组件不具备在市场上存活的能力,但这些组件按一定规则组装成系统后,企业就能高效服务客户和开疆拓土,商鞅变法所建构的权力结构就属此类。

- 平台制。面向客户打粮食由业务单元或事业部负责,总部聚焦共性职能如战略、财务、人力资源和信息技术等,保持控制以更好赋能和服务业务单元。

上述三种分权形式,对组织动力的影响非常大,简述如下:

- 诸侯制是一个扩张体系。当外部市场机会多且总部管控能力有限时,诸侯制是个不错的选择。斯隆领导下的通用汽车不到五年就赶超福特,很重要的一点是采取了事业部制的组织创新形式。事业部制的优势是变一台发动机为多台发动机，事业部有足够的动力发展。IBM在1956年底进行事业部制改革，背景、动机和效果与通用汽车相类似，详细解读将在本书最后一章展开。诸侯制的问题是"大而全、小而全"式重复建设和各自为战带来的内耗及企业系统竞争力的下滑。

● 郡县制从本质上是一个收敛体系。极致状态是企业只有"一个领袖、一个声音、一台发动机"。组织安危系于一人，于小企业而言，非常高效。于大企业而言，组织动力是个大问题，主要表现是以老板为中心的"大企业病"，"规则即正义、马屁即能力"，系统性无能和熟练性无能是这类企业的通病而且无解。

● 平台制兼有郡县制和诸侯制的优点，同时摒弃了两者的不足。严格意义上讲，采用平台制分权的企业目前并不多见，但在数字化企业和数字化经济发展到一定阶段后，平台制分权将会逐渐成为主流模式。平台制分权做得好的企业可从三个方面进行描述：一是从特征上讲，是平台强大赋能、极客自由组合、共同成就客户；二是从形式上看，是强大后台或企业大脑加众多面向业务和客户的阿米巴；三是从优点上分析，是内生动力强劲、资源运用高效以及响应市场迅速。

3. 愿力视角：事业追求与人生意义

世界上真正伟大的公司，基本是使命驱动型组织。乔布斯领导下的苹果、井深大和盛田昭夫领导下的索尼、任正非领导下的华为等都是使命驱动型组织的典范。使命之所以能在激励中起到基础性和决定性的作用,是因为追求意义是人的本性,如韦伯所说,人是悬挂在人类所编织的意义之网上的动物。

使命驱动的核心要点,于员工而言是明确把工作当成职业还是事业,于企业而言是明确把员工当成是"雇佣兵"还是"子弟兵"。职业更多强调规矩,"以客户为中心按规办事";而事业是"举而措之天下之民",从一开始就有强烈的理想色彩和个人情怀。"雇佣兵"更多强调交换,"拿多少钱干多少事";"子弟兵"则更多强调归属感,"上阵亲兄弟,打仗父子兵","胜则举杯相庆,败则拼死相救"。

4. 结构视角下的组织动力是激发"员工三性"的制度性安排

结构视角下的组织动力深隐在经济、政治、愿力三个视角建构的制度性安排之中,简称组织动力"铁三角",如表3-2所示。

表3-2 组织动力"铁三角"

视角	简要解读	理论基础
经济视角:知识产权归属与收益分配	不确定性产出和不确定性收益的风险共担与利益分享机制,主要面向绩效分布呈幂律分布类企业的知识型和创意类员工	产权理论

续表

视角	简要解读	理论基础
政治视角：股权结构与权力分配	过往的组织更多通过异化来强化组织能力，代价是员工工作动机外在化；未来的组织是生态型组织，极致状态是"自由人的联合体"，通过工作促进员工全面发展	公司治理
愿力视角：事业追求与人生意义	赋工作以意义，打造使命驱动型组织；加速员工职业化和企业化进程，让员工"思想入企"	领导力与文化

用表3-2解释本章开头所讲的国企和外企两个案例，结局可谓"早已写好"。结局书写者表面看是职业经理人，实则是不以个人意志为转移的客观规律（见表3-3）。

表3-3　用组织动力"铁三角"解读国企和外企的命运

案例	组织动力
在充分竞争的行业中，国企大概率干不过民企	• 经济视角：产权归属与收益分配出了问题，激励约束机制不佳 • 政治视角：权力外生，做决策的不担责、不受益，担责和受益的不决策 • 愿力视角："一朝天子一朝臣"及其引致的以亲疏而非业绩论英雄
外企在中国的全面溃退	• 经济视角：外企在中国的核心团队多为职业经理人或高级打工者 • 政治视角：权力外生，重大决策归总部，中国区更多是执行角色 • 愿力视角：存在职业经理人的打工心态和文化差异，而与外企高管同台竞技的民企的领军者基本上是世界级的企业家

全息组织观下的组织动力：阳面"员工三性"，阴面动力"铁三角"

组织的一阳一阴相互圆融，前者视组织为看得见的"团队"，后者视组织为深隐在看得见的团队背后的"结构"，结构决定了团队中员工的个体行为和团队的整体效能。

借用"体相用"架构，组织动力可定义如下：

- 体：形象地说，组织动力是组织的"力比多"（由弗洛伊德提出，是指由性欲所驱动的精神能量，后被荣格扩展为激发行为的精神能量之源）。表面上看，组织动力是服从和服务于组织目标达成的员工愿力与动机之总和。实质上讲，组织动力是结构视角下的组织旨在激发员工愿力和动机的制度性安排。

- 相：组织动力在团队层面表现为"员工三性"，即员工在工作过程中所展现出来的积极性、主动性和创造性，在结构层面则表现为组织动力"铁三角"——经济视角下的知识产权归属与收益分配、政治视角下的股权结构与权力分配、愿力视角下的事业追求与人生意义。

- 用："员工三性"之于企业经营业绩的作用不必多提，薪酬与绩效管理旨在激发"员工三性"，以促进战略落地和目标达成。组织动力"铁三角"中，愿力代表初心，赋予工作以意义；经济代表机制，决定钱权名分配的激励效能；政治代表体制，权力分配不仅影响个体特别是企业核心高管团队的工作积极性、主动性和创造性，而且决定了企业面对环境变化的响应速度与决策效率。诺贝尔经济学奖获得者道格拉斯·诺思在制度经济学中主要探讨激发人们在经济活动中动力的制度安排，在诺思看来，在人类发展长河中，制度具有决定性的意义。初心不强、机制不良、体制不好的企业在充分竞争市场中即使出生时含着金汤匙,长远看也很难生存。诺思所探讨的宏观层面的制度经济学微观化到企业,就是本章所探讨的组织动力"铁三角"。

组织动力"铁三角"与"员工三性"须两手抓、两手硬

孤阴不生,独阳不长,一阴一阳谓之道。组织动力,亦复如是。企业特别是大企业的组织动力建设须"两手抓、两手硬":一手抓团队视角的"员工三性",在处理好钱权名的同时,用心给员工创造精进感、掌控感和意义感;一手抓结构视角的组织动力"铁三角",从政治、经济和愿力三条主线持续优化组织的体制、机制和初心;两者协同推进才能真正实现企业"熵减",即基业长青,如图 3 - 1 所示。

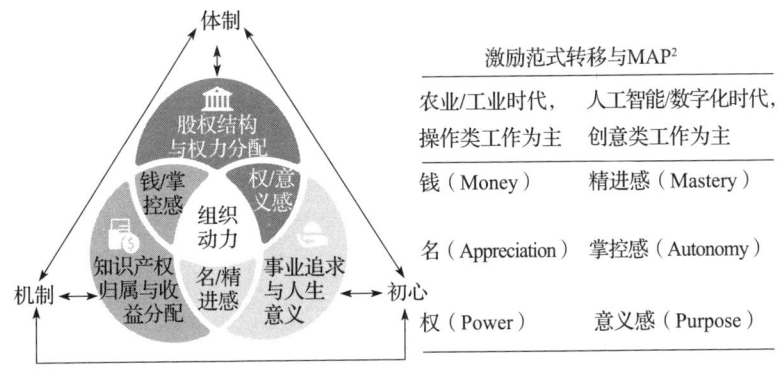

	激励范式转移与MAP[2]	
	农业/工业时代,操作类工作为主	人工智能/数字化时代,创意类工作为主
钱(Money)		精进感(Mastery)
名(Appreciation)		掌控感(Autonomy)
权(Power)		意义感(Purpose)

图 3 - 1 组织动力"铁三角"与激励范式转移

很多人认为,"员工三性"主要取决于老板在处理好钱权名分配方面的心胸格局与领导艺术。这有一定道理,尤其是对小企业来说是这样。但对大企业来说,如果企业家只是关注团队层面的钱权名分配,而不在结构层面的组织动力"铁三角"上下功夫,这样做组织活力也许短期不错,但长期却会因难复制和成本高而阻碍企业的成长与发展。华为之所以成功,一方面是任正非敢于且善于分钱、分权、分名,另一方面是华为自20世纪90年代制定《华为基本法》起就在组织动力"铁三角"上持续下功夫。可以毫不夸张地说,《华为基本法》所建构的正是深隐在看得见的厂房和团队等有形资产下虽然看不见但却对企业命运起着决定性作用的组织动力"铁三角"。

04

第四章

组织活力 = 组织能力 × 组织动力

全息组织观下的组织活力解读

前面三章,第一章探讨组织是什么即组织的本质,第二章和第三章围绕"组织活力=组织能力×组织动力"展开,这三章的要旨可用图4-1概括。

图4-1比较复杂,其要旨如下。

1. 全息组织观

组织一词,在中国语境中更多指团队,视组织为一群有着共同目标的人的集合;在西方语境特别是重量级学术文章里,组织一般指让团队聚在一起并发挥作用的看不见的结构。本书的全息组织观合中西为一,阳面的组织由看得见的员工所组成,是团队的代名词;阴面则是隐藏在团队背后的结构,虽然看不见但却是团队行为和绩效的决定性因素。全息组织观中阳面的团队和阴面的结构两者之关系,可以用"结构决定功能"这句话来概括。

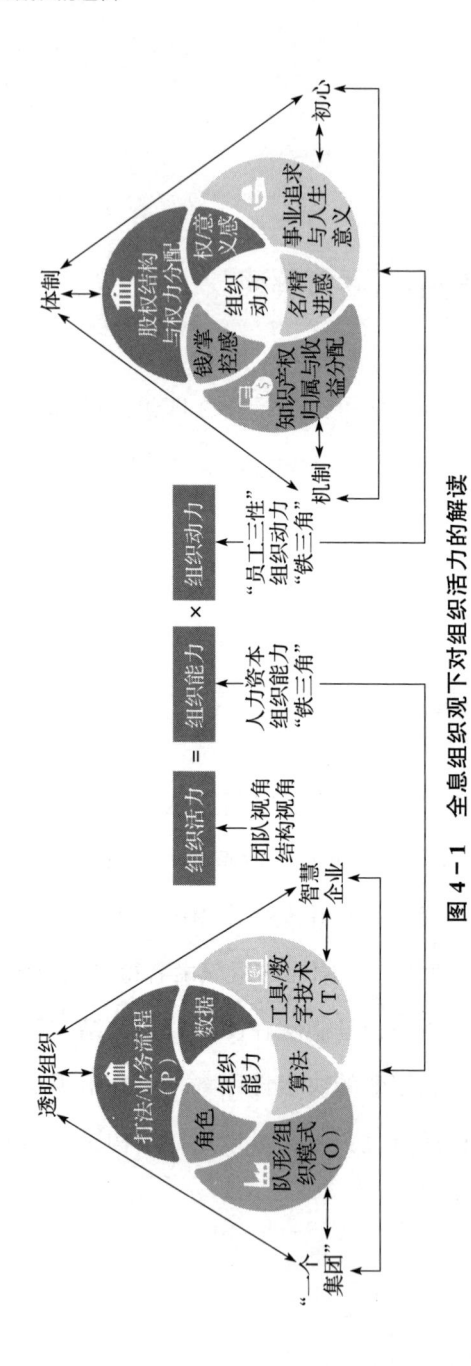

图 4-1 全息组织观下对组织活力的解读

2. 团队视角下的组织活力

团队视角下的组织活力由看得见的团队展现，团队的能力是产权归员工的人力资本，是员工具有经济价值的知识、技能和素质之总和；团队的动力主要指员工在工作过程中展现出来的积极性、主动性和创造性。

为了表述简便，以下将团队视角下的组织活力简称为团队活力。

3. 结构视角下的组织活力

结构视角下的组织活力由组织能力和组织动力两部分组成。组织能力是员工在理解组织利害攸关者需求并为之创造价值的过程中积累并沉淀在组织中的知识和惯习的总和，通过联接、赋能和替代员工让企业在"人机同行"中高效创造价值，集中表现为组织的理性面；组织动力表面上是服从和服务于组织目标达成的员工愿力与动机之总和，实质上是组织旨在激发员工工作积极性、主动性和创造性的制度性安排。

为了表述简便，以下将结构视角下的组织活力简称为结构活力。

结构决定功能：结构活力 VS 团队活力

这个部分探讨结构活力和团队活力两者之间的关系。事实上两者之间的关系已经暗含在图 4-1 之中，详细解读如下。

1. 组织能力"铁三角"与团队能力

小企业的组织能力建设聚焦团队，主要抓人才梯队建设和员工技能提升。大企业的组织能力须在团队和结构两个层面两手抓、两手硬，企业越大且越优秀就越会在结构上下功夫。虽然这是国内外优秀企业成长历程的经验总结，但这个结论并没有回答一个问题，那就是结构层面的组织能力建设对团队层面的组织能力建设会产生什么影响？反过来，团队层面的组织能力建设怎样才能固化到结构层面的组织中，从而把能力真正建在组织上？这个问题困扰了笔者很长时间，笔者现在的理解集中体现在图 2-2 所示的组织能力"铁三角"中。在该模型中，打法/业务流程和队形/组织模式的交汇是角色。流程决定角色，一个或多个角色组合成岗位。角色是一组通常由一个员工执行的工作任务以及利害攸关者对员工履职行为期望的集合。多个角色合并成一个岗位的原因，一是单个角色的工作负荷不够，二是角色技能要求、工作地点、交互界面等相似，合并既能提升效率，还能促进员工成长。打法/业务流程和工具/数字技术的交汇是数据。数据源自实体和流程，业务数字化的过程就是把业务流程中的对象、过程和规则在数字空间沉淀和孪生的过程。队形/业务流程和工具/数字技术的交汇是算法。算法源自员工，把员工大脑中解决问题的知识和经验以结构化方式沉淀到系统中的过程，以及系统能通过机器学习等产生和迭代算法的过程，就是工具越来越智能化的过程。组织三大功能，即联接、赋能和替代员工。算法和数据源自二元空间，过去组织在物理空间和人类社会用算法和数据联接、赋能和替代员工；数字化时代，企业数字孪生加速，组织及其三大功能都在加速数智化。

- 组织能力建设主线，对于以 IBM 为代表的企业来说是业务流程、组织模式和数字技术，对华为来说是打法、队形与工具。华为把业务流程拓展为打法，和业务流程相比，打法能抓住"流程是过往经验的总结和沉淀，是完成任务的最佳实践"这一精髓，而业务流程在中文甚至英文中更多被认为是完成任务一系列的活动的集合；把组织模式拓展为队形，指向组织架构而非组织结构，这一表述很好地消解了中文里组织一词定义模糊的尴尬；把数字技术拓展为工具更是巧妙，IT 是企业更多提升员工效能和竞争优势的工具之一而非全部。

- 笔者的拓展主要体现为三条主线交集的角色、算法与数据。在流程型企业中，员工表面上是在岗位上工作，实质上是在流程上为客户创造价值，岗位和流程的结合点是流程所界定的角色。流程优化中很多企业都面临的问题是先有流程还是先有岗位。这个问题是个伪命题，因为流程决定角色，这是科学管理的范畴。至于怎样把积木一样的角色组合成岗位乃至组织架构，以及怎样分配权力，这和企业面临的问题及领导人的领导风格和个人喜好有关，中间多有艺术成分。员工在岗位上工作、解决问题和创造价值需要有各样的经验、知识、技能和诀窍，这些被称为"算法+数据"。企业数字化转型的本质、要点和难点，就是把存储在员工大脑中的"算法+数据"孪生到企业数字平台中，再反过来联接、赋能和替代员工，目的是让企业运转更加高效，更不依赖英雄。

● 团队层面的组织能力建设如何能固化到结构层面？麦当劳和肯德基的训练体系给出了很好的回答。这两家企业的训练体系严格基于标准，而标准当然源自流程；为了训练员工按标准履职，这两家企业有严格的稽核体系，通过"标准→训练→稽核"的闭环确保能力真正建在组织上。当然，在人工智能时代，这个闭环已经升级为"标准→工具→训练→稽核"。

● 结构层面的组织能力建设如何帮助团队层面的组织能力提升？看华为实践就很清晰。华为从20世纪起师从IBM，主要学习的就是从流程、组织和IT三条主线推进结构层面的组织能力提升。华为"英雄辈出"，其中有任正非对东方文化理解极深的因素，但更重要的是华为是在结构层面先定出标准和工具（主要是流程和固化流程的IT系统和组织架构），然后再用标准和工具训练人才并让其在流程和平台上高效工作。华为的这个逻辑被毛万金总结为"方法流程化、角色组织化、流程IT化、能力平台化、改进持续化",对此更加详细的解读参阅毛万金的《华为变革法》。

2. 组织动力"铁三角"与团队动力

团队层面的动力主要表现为"员工三性",即工作的主动性、积极性和创造性,这和组织动力"铁三角"有何关系?

要回答这个问题,先要回答"员工三性"因何而来?就个体而言各有故事,从共性上讲,无非来自内外激励两个方面。外在激励主要是钱权名,内在激励则是精进感、掌控感和意义感。

讲到激励,我们通常会认为这与领导艺术相关。这个观点当然正确,史书上关于领导者如何让追随者肝脑涂地的故事非常多,很多故事至今读来依然让人动容。但这只是问题的一个方面,即员工激励与领导力特别是领导艺术高度相关。问题的另一个方面则是员工激励背后还有制度性的因素,在诺思为代表的经济学家眼中,以产权为代表的制度才是资本主义兴起的根因。

回归到企业,笔者把制度层面的因素总结为体制、机制和初心,并将其概括为图3-1所示的组织动力"铁三角",其要点包括:股权结构与权力分配和知识产权归属与收益分配的交汇是钱/掌控感。两者交汇中有钱好理解,但掌控感需进一步说明。股权结构与权力分配和知识产权归属与收益分配的最高境界是让员工觉得自己在为自己工作且能掌控工作的进程和自己的命运，让员工有"我的地盘我做主"的感觉，而这些都是掌控感的意涵。股权结构与权力分配和事业追求与人生意义的交汇是权/意义感。意义感之于权力分配的要点是激发权力拥有者的社会性权力动机——为天下苍生造福的意义感；权之于事业追求与人生意义的要点是要在平凡工作中寻找非凡之意义，用自己和平台的力量影响他人并改变世界。股权结构与收益分配和事业追求与人生意义的交汇是名/精进感。以钱为代表的物质激励和以名为代表的精神激励须两手抓、两手硬，精神激励须指向团队和个体的事业追求与人生意义。精进感和事业追求与人生意义天然相关，和知识产权归属与收益分配相联的意思是指，员工精进须指向帮助公司增强竞争优势的问题解决与知识创造。体制侧重权和钱，机制侧重钱和名，初心侧重权和名。三者耦合而成的激励体系紧贴人类行为底层动机，是人类"舞台"上各类"悲喜剧"背后看不见的"总导演/总策划"。

组织动力"铁三角"和"员工三性"有什么关系？其中的要点是所有指向员工激励的制度均应指向员工所看重的外在激励因子（钱、权、名）和内在激励因子（掌控感、意义感和精进感）。其中的难点是企业不可能完全满足所有员工对于激励的所有需求，而且每个员工甚至是同一个员工不同时点对激励因子的重视程度也不一样，这就产生了一个问题，即怎样基于企业战略和核心领导的追求与风格建构由体制、机制和初心三者耦合而成的"铁三角"。这个问题历久弥新,是人力资源管理和战略绩效管理的核心课题。这里需要指出的是,于大企业和有追求的企业家而言,不在体制、机制和初心上做文章,不建构与企业战略和个人心性相匹配的激励制度,光靠领导艺术和心胸格局给下属发钱、分权和给名,这样激发得到的团队动力即"员工三性"很难支撑企业特别是大企业走得更远。

3. 大企业中结构活力是团队活力的决定性因素

任正非提出,"方向要大致正确,组织必须充满活力"。组织活力一阳一阴,阳面是团队活力,阴面是结构活力。在企业规模不大时,让"组织必须充满活力"在团队层面发力就好;在企业规模大了后需要团队活力和结构活力两手抓、两手硬。在两手抓中如再作区分,团队层面的活力虽然见效更快但并不持久和普遍,而结构层面的活力则相反,见效虽慢但持久且能复制。从长远看,结构层面的活力在很大程度上决定了团队层面的活力。

组织活力打造:"杨三角" VS 组织活力"双三角"

组织能力"杨三角"包括员工思维(愿不愿意)、员工能力

（会不会做）和员工治理（允不允许）三个方面，其中愿不愿意属于动力范畴，会不会做属于能力范畴，允不允许则兼动力和能力。所以把"杨三角"归属为组织能力——即使是团队层面——也不甚妥当。按照人们通常理解的，能力与动力这两个词语有着明显的语义区别，所以更准确的说法是组织活力"杨三角"。

如第二章所述，"杨三角"主要侧重在团队层面。而组织活力"双三角"即组织能力"铁三角"和组织动力"铁三角"专注在结构层面。从这个角度讲，企业特别是大企业的组织活力打造须"杨三角"与"双三角"两手抓、两手硬。

组织活力打造：哲科思维 VS 技艺思维

组织活力 = 组织能力 × 组织动力。组织能力体现的是组织的理性面，组织动力主要体现为组织的感性面。

组织能力建设需要哲科思维，必须老老实实向先进的企业学习；组织动力的激发，特别是面向"互联网原住民"的年青一代的员工激励和面向结构视角的组织动力"铁三角"的打造，需要有很强的技艺思维——中国古人在这方面有很多智慧。

打造组织活力以实现"熵减"，就像华为和任正非一样。

从哲学层面看组织理论

到现在为止，本书内容比较抽象的原因有三：一是组织、组织活力虽然是大家都讲的热词，但基本都各说各话，其中不乏把组织能力理解为把大家组织起来完成任务和目标的领导力。二是这些概念委实太重要。组织理论是管理学理论大厦的基石，组织能力是战略理论丛林中唯一可与定位学派分庭抗礼的资源与能力学派的核心概念，组织动力是制度经济学研究的中心议题，以诺思、科斯、威廉姆斯和张五常等人为代表人物的新制度经济学，出发点是研究制度对人类从事经济活动积极性的影响及作用机制，并在此基础上探讨如何通过制度改善来优化人类福利。三是相较于人力资源管理中的"选用育留汰"和流程管理的端到端拉通与再造，组织能力建设和组织动力打造的难度要大得多，因为组织能力和组织动力于企业而言是黑箱中看不见的抽象概念，让大家意识到组织、组织能力和组织动力是客观存在，就已经相当不易，让大家对其重视并且持续投资建设和优化当然更难。

把"百姓日用而不知"的概念讲清楚要有哲学思辨能力。如果大家觉得第一章到第四章的内容不易理解，是因为这些内容多在哲学层面做本质和抽象的探讨，这对志在打造基业长青的伟大企业和志在长远的企业家是有重要价值的，因为这些理论能帮助企业家及其高管团队理解组织运行的底层逻辑，并据此打造匹配自己心性的伟大组织。

哲学可以不关心实用，但科学却要关心应用。所以本书接下来将探讨组织理论的应用。而所有应用中最重要的部分莫过于从组织层面探讨企业成败表象背后的根因，与之相关的内容包括组织文化、组织发展和企业成功方程式，而这些正是本书接下来要重点探讨的内容。

05

第五章

组织文化：底层操作系统与企业家复制

十多年前，笔者和某大企业的创始人交流组织文化，当时这家企业已有几万名员工，是所在细分市场的隐形冠军企业。话题自这位企业家问什么是文化、文化有什么用开始，以下是交流记录，Q代表笔者，A代表这位企业家。

Q：这两个问题您在读EMBA时老师讲过，今天我换个说法。企业是您一手创立的，如果这个企业有10个您，企业规模会是今天的几倍？

A：至少5倍吧。

Q：我有一个办法能在您的企业里复制10个您，您信不信？

A：吹牛，你又不是孙悟空。

Q：拔一根毫毛变72个孙悟空，我当然不会。但我的确有办法在企业里复制10个甚至100个您，这个方法我们叫文化建设，分三步：第一步，系统研究您创业历程中的关键事件及其背后的思维模式，把企业的成功秘诀和失败教训归结为基本假设。第二步，面向未来逐条论证，管用的坚持，无效的放弃，没有的新增，形成一套面向未来的经营心法。这套心法有两个特征，一是内生于老板本人，二是源于老板又高于老板。第三步，用这套心法培训1 000名员工，改造他们的思维模式。每个员工学到 10% 就复制了 100 个您，就算只学到 1% 也能复制 10 个您。

A：不好这么说，但有点意思。不过这套心法（假设体系）是不是会非常庞大？

Q：最多不超过 20 条，1 页 A4 纸就可以搞定。组织文化研究领域的大师沙因长期研究美国 DEC 公司，发现这家企业的背后不过十五六条假设而已，不过这些假设"百姓日用而不知"，大家通常意识不到。

文化虽是挂在企业家嘴边的高频词，但大家对文化的内涵却各执一义，不甚明了，所以围绕组织文化，本书重点探讨以下四个问题：

- 什么是文化？
- 文化有什么用，是怎样起作用的？
- 文化怎样测量才能让局中人看清所在组织文化的"庐山真面目"？
- 文化怎样建设才能让组织文化真正有用？

在回答上述问题之前，先对"组织文化"和"企业文化"这两个词简单进行辨析。在中文里，企业文化的使用频率远高于组织文化；但在西方，组织文化比企业文化更加常见。究其原因，文化与生命体相连，我们经常能听到"组织是个生命体"的说法，但很少会听到"企业是个生命体"。

文化的内核是"三观一论"

组织文化的定义多如牛毛，其中最通俗易懂的可能是麦肯锡前总裁马文·鲍尔的"文化是我们这里的做事方式"。该定义抓住了文化的两大特征：一是文化为群体所有，即个人是文化的对象和载体，而非文化的所有者；二是文化与场景相关，即"有文化"的群体在特定场景下的行为可以预测。该定义有两个问题：一是"我们这里的做事方式"很难把握，二是没有讲清楚"我们这里的做事方式"由什么决定。这两个问题高度相关。借用《周易》中"理象数"的框架，"我们这里的做事方式"是"象"，决定"象"的是"理"，对"象"和"理"的测量是"数"，有"数"才能预测企业未来发展趋势。本章重点研究"理"，即"我们这里的做事方式"由什么决定。

"我们这里的做事方式"由外在赏罚和内心信念所决定。赏罚好理解，因为趋利避害是人的本性。美国心理学家埃利斯创建的 ABC 理论指出，行为并非外界刺激直接导致的，而是外界刺激经由中间变量即信念调节而形成的。信念在文化研究领域有很多说法，在吉尔特·霍夫斯泰德那里叫作操作系统，在彼得·圣吉的《第五项修炼》中称为心智模式，在埃德加·沙因的《组织文化与领导力》中称为基本假设，等等。

对于信念是什么、由什么组成、怎样起作用，学术界缺乏共识。笔者认为，企业的信念是由世界观、价值观、人生观和方法论（以下简称"三观一论"）耦合而成的底层操作系统。

1. 世界观

世界观是人们对世界是什么及其作用机理的根本看法。

对企业而言，世界观重点探讨企业及其利害攸关者（如股东、员工、客户、伙伴、竞争对手、政府等）的本质内涵与相互关系。

2. 价值观

价值观是人们判断事物是非和状态好坏的标准，是主体在二元对立的价值之间的取舍，如诚信和欺骗、务实与忽悠、创新与抄袭、奋斗与享受、精益求精与马马虎虎等。

于企业而言，价值观重点探讨的是企业决策背后的取舍标准。在事实清楚的前提下，决策的实质就是价值取舍。如果企业价值取舍标准不一致、不连贯，这个企业可能看起来非常"灵活"，但是于利害攸关者而言，这个企业的行为很难预测，这对扩大企业的朋友圈来说并不是件好事。

知名企业的核心价值观更加简明高效，如丰田的核心价值观包括质量第一、顾客至上、持续改善、尊重个人和社会责任，京瓷的核心品牌价值观是秉心、行正、致新，沃森父子时代

IBM 的核心价值观是服务客户、尊重个体、追求卓越。

3. 人生观

人生观是人们对人生意义和目标追求的看法。

于企业而言，人生观表现为使命（mission）和愿景（vision），其中使命界定企业存在的意义，愿景指明企业奋斗的目标。不过现在越来越多的企业特别是大企业把使命和愿景合并成宗旨（purpose），用一句话界定企业的追求。

罗睿兰时代 IBM 的宗旨是"成为不可或缺的公司"，华为的愿景与使命是"把数字世界带入每个人、每个家庭、每个组织，构建万物互联的智能世界"。

4. 方法论

方法论是人们认识世界和改造世界的根本方法的学问，这个定义很抽象，举例说明。

第一个例子是，海尔文化中的"日事日毕，日清日高"，前者强调责任，后者侧重精进，两者结合在一起，成为中国企业把员工培养成适应工业文明的职业人的最佳实践之一。

第二个例子是产品研发。因所处情境和面临挑战不同，具体产品研发的方法可能有很多，但成功的研发实践都有一些共性特征，如视研发为投资、异步开发与结构化流程、基于跨部门或职能的团队合作等，这些正是 IBM 的 IPD 的核心思想。IPD 是工业 3.0 时代最负盛名的研发管理实践之一，表面看是流程，实质是协同不在同一个部门且不是由同一个人领导的一大群人围绕共同目标而冲锋的方法论。"力出一孔，利出一孔"，小企业力出一孔易，利出一孔难；大企业则正好相反，利出一孔易，力出一孔难。力出一孔的关键是流程和流程背后的方法论，利出一孔的关键是薪酬分配以及薪酬分配背后的领导者的心胸。

5. 对"三观一论"进一步的解读

第一，"三观一论"对行为特别是下意识行为起着决定性的作用。

第二，世界观和方法论侧重理性，人生观和价值观侧重感性。小企业的文化建设更多侧重人生观和价值观，旨在激发员工队伍活力；大企业则应聚焦世界观和方法论，确保企业方向正确和运营高效。小企业的成功更多是人生观和价值观的成功，而大企业的成功更多是世界观和方法论的成功。

第三，在"三观一论"中，世界观起着奠基性和决定性作用。埃德加·沙因的文化三层次模型中，基本假设位居于底层，而沙因的基本假设就是我们所讲的世界观，如自然和人的关系、现实和本质的关系、人类活动的本质、人性的本质、人际关系的本质，无一不是世界观。如果今天的宇宙观还是"地心说",那么人类一定还被禁锢在地球上而不可能走向太空。如果没有迈克尔·哈默等人的端到端流程理论,很难想象20世纪90年代起西方企业的整体效能能再次跃升。哈默等人的贡献除了提供一套新的流程管理理论,更是把韦伯和巴纳德等人建构的"科层型组织观"升级成"流程型组织观",组织观就是组织管理领域中的世界观。

文化定义与主流文化解读

文化是由"三观一论"耦合而成且为群体共有的底层操作系统,这个操作系统与赏罚系统一起决定群体在不同场景下的行为模式。该定义有三层含义。

第一,文化由"三观一论"耦合而成,我们可从"三观一论"这四个元素切入理解文化,但不能将文化理解为它们的简单叠加,因为系统不是部分的简单叠加,就像人体分为消化系统、运动系统、神经系统等八大系统,但却不是八大系统的简单加总一样。

第二,文化是群体共有的底层操作系统,该操作系统(算法)结合过往的知识与经验(历史数据),感知和处理外部信号(当下数据),输出指令驱动员工(行为)。于群体而言,虽然个体储备的知识和经验各异,但由于算法和信号相同,因而其激发出来的行为相似。文化为群体所有，没有群体就没有文化。

第三，群体行为由潜意识中的底层操作系统和显意识中的赏罚系统决定。赏罚系统（如绩效激励）的特征是目标明确、内容清楚、因果明了、功利性强、起效很快，正因如此，赏罚更多指向明确的目标行为。由"三观一论"建构的底层操作系统则相反，其特征是目标模糊、内容庞杂、因果多维、起效很慢，正因如此，文化才能润物无声，弥之无际。在索尼高管天外伺郎的《绩效主义毁了索尼》中，我们可以看到赏罚系统与文化冲突的一面，看到绩效对索尼的损毁，但这不是绩效工具的错，而是由于以一把手为核心的高管团队在利益上的短期导向且思维处在二元对立阶段，未达圆融如一之高度，离"二道相因，生中道义"之境界还有相当距离。

文化有力量，是笔"好生意"

文化之于企业，就像操作系统之于手机。理解个体的"三观一论"，就能大体预判他的未来发展；洞察企业的"三观一论"，就可预判企业在具体场景下的反应模式及由此决定的组织绩效。

企业在激烈的市场竞争中怎样生存发展？具体到场景层面，招数万万千；上升到哲学层面，答案就在"三观一论"为核心的文化之中。

1. 文化的结果就是人格，事关企业兴衰

荣格指出，文化的结果就是人格。与社会人相应的自然人，其本能是口渴就想喝水、肚子饿了就想吃饭，很难改变。

IBM认为，IBM最伟大的发明就是"IBM人"。这里的"IBM人"不是指因和IBM签了劳动合同而在组织上加入IBM的员工，而是用IBM文化武装起来、在思想上完全"蓝血化"的IBM员工。沃森父子时代IBM的成功要诀是："服务客户、尊重个体、追求卓越"。IBM在20世纪90年代陷入困境时，很多人也从文化视角探讨IBM失败的原因，其时官僚主义、以自我为中心、家长式领导、故步自封、山头主义等各种不合时宜、与企业不合的文化在IBM内部盛行。因为IBM在大型机时代太过辉煌，IBM主要领导是从大型机销售条线提拔而来，所以虽然外部世界早就"换了人间"，但IBM的文化和"三观一论"却还定格在大型机时代。郭士纳执掌IBM后，强调以客户为中心、敏捷求胜、团队共赢，重塑IBM文化，重新定义IBM组织结构和业务流程。

2. 文化是成本低、效果好且适用范围广的社会控制机制

让背景各异、追求不一的个体心往一处想、劲往一处使是企业追求的梦想。实现该梦想的方式可总结为三种控制机制。

一是科层控制。科层控制包括组织结构和绩效管理，前者是基础，后者是手段。根据社会学家戈夫曼提出的剧场理论，组织结构相当于剧本，它规定了员工需扮演的角色。绩效管理的管控对象既有结果产出，也有过程行为；管控手段主要有计划、监督、评估、纠偏和奖惩；作用机制是激励，激励资源以钱为主、名和权为辅；管控目的是实现组织预定的目标。

二是权力政治控制。亚里士多德说，人是天生的政治动物，通过权力运作谋求更大影响和更多利益是人的天性。组织由有着不同个性、不同旨趣和不同追求的员工构成。组织目标并不是自上而下层层由上级单方面规定的，更多时候目标是协商的结果，有时是外部强加给企业的。员工不是纯粹的"经济人"，而是"社会人"，支配员工行动的因素除经济理性外还有道德理性，甚至还有不理性。所有这些都使得组织里人和人之间的冲突不可避免。不但人和人之间的冲突不可避免，群体和群体、部门和部门之间的冲突也不可避免。这些冲突内生于结构，与主体的团队精神关系不大，原因是"屁股决定脑袋、位子决定思维"，如企业里产品制造部门和市场营销部门之间、财务部门和市场部门之间经常发生冲突。综上所述，权力政治及其衍生的关系与结构特别是非正式结构，会或多或少地影响甚至形塑员工行为和组织行为。

三是社会控制。社会控制又称文化控制，其控制对象主要是"三观一论"和行为模式；控制手段主要是从众和自省；作用机制是通过外部约束即社会舆论而产生的羞耻感或荣誉感和通过内心自律如道德自省而产生的内疚感或自豪感；激励资源以"名"为主；控制目的除了使行动者的行为符合群体约定俗成的规范外，还有促进群体整合、满足个体需要等作用。

以上三种控制机制互为前提、相互影响，共同调节员工行为，三种控制机制的比较参见表5-1。科层控制成本高、可复制、易僵化；权力政治控制虽最省钱且见效快，但高度个性化且对正式组织有很强的破坏性；社会控制虽见效慢、难复制，但一旦形成就可以几乎零成本运作。

表5-1 三种控制机制的比较

	科层控制	权力政治控制	社会控制
目标脚本	职责说明	对自身利益有影响的人的指示或期许的行为	社会所期许的行为
依循规则	目标、流程、制度	互惠原则、暴力原则	"三观一论"和行为方式
控制主体	上级领导	权力场中的参与者	同伴、客户和公众
控制手段	直接监督和绩效管理	权术如联盟、谄媚等	外部舆论和内心自省
激励资源	钱、权、名	钱、权、名；符号资源，如身份和地位、归属感、友谊等	符号资源，如友谊、名声等
产生后果	压服和臣服，拜金主义和反叛感	追随或屈服，不讲原则只讲亲疏的利益团体	组织承诺，最高明的控制是感受不到控制

这么说有些抽象，下面举两个例子。

第一个例子是，从华为出去的员工混得风生水起的不多，即使他们在华为时曾叱咤风云。其原因有两个：一是华为大兵团协同作战,对英雄的依赖度不高,这一点和中国大多数企业不一样。二是华为文化非常强势,在华为工作久了,员工的思维会被华为文化"格式化",去别的企业工作会出现文化"水土不服"的现象。

第二个例子是,企业所有价值都源自客户,而最了解客户情况、熟悉客户需求与痛点的当然是一线员工,但是能调动和分配资源的,却是总部领导,这是所有企业特别是大企业不得不面对的内生矛盾。如果不能解决这一矛盾,企业就很难甚至不可能有效而且高效地发展。解决这一矛盾的最佳方法是降低企业决策重心,让面向客户的一线员工所做的决策就是总部高管想要的决策。用任正非的话讲,就是"让听得见炮声的人呼唤炮火"。怎样让一线员工当场所做的决策就是总部高管想要的决策,或者说高管如果在场他自己也会做这样的决策?最佳解决方案就是文化建设,即让一线员工和总部高管有相同或相似的价值追求和做事方式。当然这里所讲的文化建设是最佳方案,并不排斥以赏罚为代表的规则与流程,两者相辅相成,一起促成一线员工所做的决策就是总部高管想要的决策。

文化的作用机制:从心开始,润物无声

探讨文化作用机制的前提是文化已经"内化于心、外显于行"。

1. 个体层面：操作系统有如算法，直接影响甚至决定员工行为

人们以为自己看到的是客观世界，其实那只是大脑对客观世界拟合而成的主观世界。在转化过程中有两套系统在起作用，一套是哲学家和科学家研究的感知通道，负责接收处理外界物理信号，如把光解读为明亮和颜色、声波解读成音乐与噪音等；另一套是人类学和社会学探讨的文化，其负责构建故事、赋予意义、驱动行为等，"三观一论"对个体行为的作用机制见图5-1。

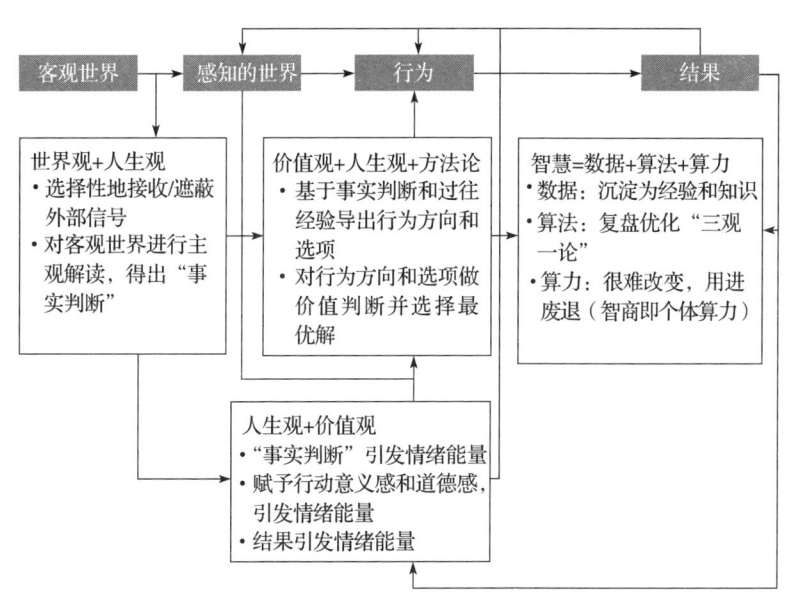

客观世界	感知的世界	行为	结果
世界观+人生观 · 选择性地接收/遮蔽外部信号 · 对客观世界进行主观解读，得出"事实判断"	价值观+人生观+方法论 · 基于事实判断和过往经验导出行为方向和选项 · 对行为方向和选项做价值判断并选择最优解		智慧=数据+算法+算力 · 数据：沉淀为经验和知识 · 算法：复盘优化"三观一论" · 算力：很难改变，用进废退（智商即个体算力）
	人生观+价值观 · "事实判断"引发情绪能量 · 赋予行动意义感和道德感，引发情绪能量 · 结果引发情绪能量		

图5-1 "三观一论"对个体行为的作用机制

以下是"三观一论"对个体行为的作用机制的进一步解读：

- 世界观：在潜意识里影响甚至决定主体对外界客观事物的主观解读。
- 人生观：激发意义感，引发情绪能量，影响甚至决定主体的自我认同。
- 价值观：对指向目标的行动方向和选项进行价值判断，激发道德感，引发情绪能量。
- 方法论：决定行为方式，与效率有关。

2. 组织层面："必也正名乎"

"三观一论"对组织行为的作用机制如图 5-2 所示。

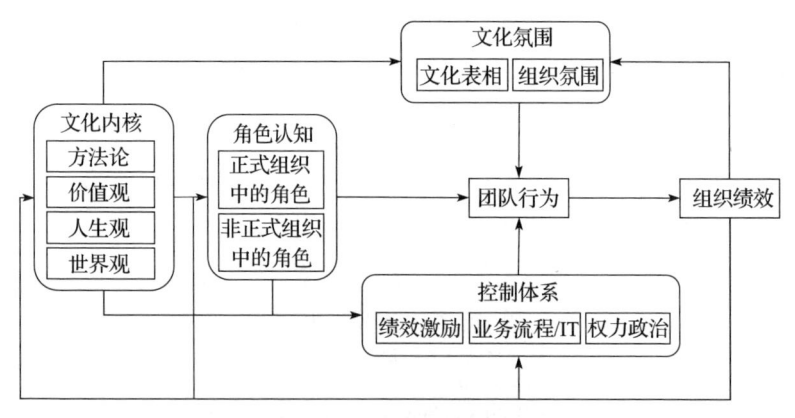

图 5-2 "三观一论"对组织行为的作用机制

角色是人们在特定关系结构中应如何行动的规则，其中承载了人们对别人的期望。

在《论语》中有一段非常精彩的关于角色的重要性的表述，兹引用如下：

> 子路曰："卫君待子而为政，子将奚先？"子曰："必也正名乎！"子路曰："有是哉，子之迂也！奚其正？"子曰："野哉，由也！君子于其所不知，盖阙如也。名不正，则言不顺；言不顺，则事不成；事不成，则礼乐不兴；礼乐不兴，则刑罚不中；刑罚不中，则民无所措手足。故君子名之必可言也，言之必可行也。君子于其言，无所苟而已矣。"

其中讲到的"名"，很多人以为是名分或名声，其实不是。这里的名，用今天管理学中的术语讲，是包括岗位职责、履责规范等在内的角色说明。孔子想要表达的是要制定组织架构和行为规范，其中组织架构界定岗位权责，行为规范明确任职者履责行权时所须遵从的行为范式，包括应做什么和不能做什么等。我们知道，孔子曾经担任过鲁国中都宰和大司寇，而且孔子对周礼推崇备至，所以孔子在做官时，优化组织架构和建设组织文化是其不得不做且理所当然要做的重要工作。孔子这里的"名"后来演化为"三纲五常，五伦十教"，对后世的文化与制度产生了深远的影响。

文化表相是看得见的部分，是群体习以为常的行为模式，是麦肯锡前总裁马文·鲍尔所讲的"我们这里的做事方式"。人是习惯性动物，习惯一旦养成，自己甚至都意识不到习惯的存在，特定场景出现时，人就会展现与该场景匹配的惯性行为。团队中的新人看到其他成员行为趋同时，会因羊群效应而从众，并调整之前的行为模式以求融入团队。

组织氛围是员工在办公场所中工作生活时的共性感受，与文化表相相比，组织氛围侧重员工感知，更加易变。合益集团（Hay Group）认为，组织氛围可从明确性、标准性、责任性、奖励性、灵活性和凝聚性六个维度把握。组织氛围对团队行为具有影响力。我们举个例子，如果一个团队的组织氛围差，团队凝聚力差，那么即使团队其他成员的行为具有很强的一致性，但是由于一些成员并不珍惜团队成员身份，也不想融入团队，这些成员就更有可能我行我素。

"三观一论"既影响组织的角色设置，也影响个体的角色认知；既影响组织控制机制的设计，也影响个体对三大控制机制释放信号的认知。"三观一论"连同角色认知、控制体系与文化氛围，基于个体趋利避害之本性、心理需求和从众效应等，共同决定团队行为，影响组织绩效。

优秀企业的成功都是文化的成功

可以说所有优秀企业的成功，都是文化的成功。表 5-2 从

"三观一论"角度解构了优秀企业的文化内核。

表 5-2 从"三观一论"角度解构优秀企业的文化内核

	企业文化
方法论	• 联想:复盘 • 海尔:日事日毕,日清日高 • IBM:思考(由老沃森提出)罗睿兰时代的"9条干法"
人生观	• 联想:产业报国(柳传志时代) • 华为:构建万物互联的智能世界 • IBM:不可或缺
价值观	• 联想:顾大局,求实,进取,以人为本 • 阿里巴巴:客户第一,员工第二,股东第三 • IBM:成就客户,创新为要,诚信负责
世界观	• 阿里巴巴:客户是衣食父母 • 华为:华为之熵,光明之矢 • IBM:数据是一种新的自然资源

1. 华为

任正非认为,思想权和文化权是企业最大的管理权。接下来我们从"三观一论"的视角,探讨任正非所构建的思想与文化体系。

任正非喜欢讲故事、写文章,华为的世界观就是在故事和文章中构筑的。以下是几个例子。

• 劳动、知识、企业家和资本共同创造了企业的全部价值。这是华为价值分配机制赖以构建的基石。

• 组织因熵增而致死寂,所以需要通过熵减能使组织持续充满活力。这是对组织是什么以及怎样才能让组织长青的假设，是华为世界观的重要组成部分。

- 未来数据管道会变得像太平洋一样粗。这既是比喻也是假设，是任正非对行业未来发展趋势的判断，华为的战略规划与战略选择就构建在这个假设基石之上。

华为是一个充满英雄气概的企业，从成立之初就有远大追求，关于其人生观的表述如下：

- 1994 年，华为销售收入只有 8 亿元人民币，在爱立信、朗讯等世界巨头面前是蚂蚁一般的存在，但这不影响任正非把自己对华为未来的梦想说出来，即便当时没人信。1995 年，任正非提出"通信行业三分天下，华为有其一"。

- 1997 年，华为营收 41 亿元人民币，而爱立信营收将近 200 亿美元。1998 年，《华为基本法》明确提出，华为要做世界一流的通信设备供应商，成为世界级领先企业。

- 2019 年，华为营收超 7 000 亿元人民币，爱立信的营收为 230 亿美元。这一年，华为提出"构建万物互联的智能世界"。

关于华为价值观的说法非常多，举例如下。

- 《华为基本法》第一条到第七条，从追求、员工、技术、精神、利益、文化、社会责任七个方面讲核心价值观，虽然全面，但不好记、不好传播。

- 2009 年到 2014 年，华为连续五年在年报中所载的核心价值观是"成就客户、艰苦奋斗、自我批判、开放进取、至诚守信、团队合作",该表述还出现在2018年的华为官网上。

- 2017年华为发布的《人力资源管理纲要2.0》把核心价值观总结为"以客户为中心,以奋斗者为本、长期坚持艰苦奋斗"。

在笔者看来,严格意义上讲上述二者更偏方法论。

如果把华为当成生命体,怎样让华为持续成长和发展壮大?2010年,华为的总结是"以客户为中心,以奋斗者为本,长期艰苦奋斗,坚持自我批评",这是华为的方法论。

- 以客户为中心。这指明华为存在的意义,旨在界定华为和客户的关系。"以客户为中心,质量好、服务好、低运作成本,满足客户需求",如果能将这一点做到极致,只要客户不消亡,下一个倒下的就不是华为。这对企业来说是常识,但以此要求员工则很难,因为人的天性是"以自我为中心"。企业以客户为中心,要求每个人都突破自己固有的以自我为中心的基因和惯习,站在客户立场思考问题,为客户和团队创造价值,然后在给客户和团队创造价值的过程中实现自己的个人成长和自我价值。

- 以奋斗者为本。这指明华为靠什么发展,旨在处理公司和员工的关系。如何让有自由意志的个体和华为结成共同体?这是每个立志做大的企业都必须回答的问题,华为给出的解决方案是以奋斗者为本,为奋斗者提供舞台,让奋斗者在这个平台得到在其他任何地方都不会得到的精彩和荣誉。每个个体都优质，每个个体都向阳，每个个体都贡献出超乎竞争对手的正能量，这样的组织怎么能不充满活力？"以奋斗者为本"对企业来说是常识，但对领导个人要求却很高。

● 长期艰苦奋斗，坚持自我批评。这是华为对自己的要求。前者侧重外在行为，要求每个个体都处在激活做功的状态，确保付出"不亚于任何人"的努力；后者侧重内心反省，通过否定之否定持续进化，确保企业永葆开放、与时俱进。"长期艰苦奋斗，坚持自我批评"旨在使企业以比外部变化更快的速度迭代演进，是践行"以持续进化的确定性，面对世界的不确定性"之充要条件。

2. 7-11便利店

7-11便利店于1924年在美国成立，2005年成为日本企业。目前在全球拥有超过8万家门店，2023年营收超过800亿美元，是全球最大的连锁便利店集团之一，也是日本乃至全球零售行业最成功的企业之一。1973年，在伊藤华堂任职的铃木敏文以特许经营的方式将7-11便利店引入日本，独立运营，亲自执掌，使7-11便利店飞速发展。与此同时，美国7-11却因沃尔玛的迅速崛起而日落西山甚至到达破产边缘，1991年铃木敏文主导伊藤华堂反向控股美国7-11。

铃木敏文出过很多书,很有意思的是,他的书中很少提及文化,但这并不代表他不重视文化。基于"三观一论"的框架,笔者将铃木敏文在书中所讲的文化建设实践做了个总结。

7-11便利店的世界观主要有三条,解读如下:

- 真正的竞争对手是瞬息万变的顾客需求。这对企业有什么意义?如果企业经营管理人员甚至是全员都奉此为圭臬,那么大家接下来的工作,就是去研究和关注不断变化的顾客需求,然后在此基础上第一时间且最高效地满足和超越客户需求。如果大家都这样做,那企业将制胜市场。

- 现在不是过去的延长线而是由未来定义的。笔者看到这一条的时候,感觉世界一下子就照进了阳光。我们平时的惯性认知是,今天是昨天的延续,明天是今天的延长,因此更多是基于问题导向持续改善。能持续改善已属难得,因为很多企业连这个都做不到。但在复杂多变、动荡模糊的乌卡时代,如果我们用连续性的思维方式应对不确定的未来,那么我们很可能会没有未来。大润发创始人黄明瑞说,"我战胜了所有的对手,却输给了时代",其实他输给的不是时代而是自己,因为他没有铃木敏文那样视当下由未来定义的世界观。这给企业的启发是,既要做基于问题的持续改善,更要站在未来定义现在,做当下看起来不一定有必要甚至不被常人理解的投入与行动。

- 零售是与消费者面对面的心理战。很多人视零售为"人货场"的组合,在铃木敏文看来,零售的本质是"与消费者面对面的心理战"。如果说消费者在海底捞那能"一桌一桌地抓",那么便利店里就只能"一个一个地抓",这是相当困难的事。零售企业的员工如果这样看零售,他们就会"站在顾客的立场"拼命研究消费者心理,这样做的结果是,公司在与铃木敏文眼中的"真正的竞争对手"即"瞬息万变的客户需求"的较量中无往而不胜。

铃木敏文很少讲价值观,公司官网也没有提核心价值观。背后的原因很可能是伊藤华堂的创始人伊藤雅俊在日本是非常有名的企业家,他执掌企业时很喜欢给员工讲如何做人。铃木敏文大学毕业没几年就进入伊藤华堂,是伊藤雅俊一手培养和提拔起来的职业经理人,在"东家管人事,掌柜管做事"为代表的东方职场传统文化大背景下,铃木敏文执掌企业不讲价值观还是可以理解的。

7-11的人生观是成为一家真诚的公司,赢得客户、伙伴、员工的信任。其中伙伴也包括股东和社区,即追求客户、员工和伙伴的信任是7-11的人生观。7-11的"三个信任"和本田宗一郎的"三个喜悦"——购买的喜悦(顾客视角)、销售的喜悦(经销商视角)和创造的喜悦(员工的视角)很像。

作为职业经理人的铃木敏文,强于逻辑,敏于思考,所以在他的著作中,更多是讲经营哲学与零售方法论。兹选三条略讲如下:

- 站在客户的立场。很多企业强调以客户为中心,但实践中却是基于他们心中想当然的客户和客户需求,用自己想当然的方式经营客户。之所以出现这样的现象，铃木敏文认为是因为它们的出发点是"为客户着想，为了客户好"，而不是真正"站在客户的立场"，用心理解客户消费心理，把握客户真实需求。"为客户着想，为了客户好"本质上是以自我为中心，活在自我构筑的世界里。

● 用另一个自己做判断，不依附于公司和上级。在家长式领导方式下，下属为了给领导留下好印象，花大量精力察言观色、刻意逢迎，这可能会让领导很满意，但于企业和客户而言，不但不创造价值反而会大幅降低领导和组织的整体智商，长远看还会危及企业生存。铃木敏文内心极其自信，甚有东方士大夫之风骨，既不喜欢屈就自尊讨好领导，也不喜欢下属讨好自己。他要求员工站在客户立场按自己独立的判断表达自己的想法和观点，不唯上、只唯实。这是人工智能时代防治大企业病的一剂良方。

● 假设—执行—验证。这是铃木敏文的创新三部曲，即基于问题意识和目的意识从变化中读懂"未来"，建立"假设"，然后"执行"，再对结果进行"验证"。"假设—执行—验证"是大企业保持活力与企业家精神非常重要的方法论，是企业在乌卡时代与时俱进的良方。

读铃木敏文的著作，笔者有一个很强烈的感受，7-11的成功，虽有价值观和人生观的成分，但更多是世界观和方法论的成功。这两者的区别是，主要靠价值观和人生观成功的企业，必然花大量精力让员工认同企业的价值观和人生观。而主要靠世界观和方法论成功的企业，必然基于哲科思维、实事求是而且会持续优化和迭代方法论，这些在直接提高组织运营效率的同时，还能促进员工快速成长，加速优秀员工复制进而降低企业对于英雄的依赖，提升企业在市场上的竞争优势。

3. IBM

很多人知道IBM是百年企业，但知道IBM在文化建设上亦是鼻祖的人不多。从1914年老沃森执掌IBM起，IBM就一直重视文化建设，长期以来都被各界视为文化建设的经典。下面从"三观一论"角度进行解读。

罗睿兰时代的IBM文化理念体系简称为"1-3-9"（见图5-3）。

关于世界观。在2013年的年报中，IBM提出了人工智能时代的三条假设：数据是新的自然资源，云改造IT和流程为数字化服务，移动社交重塑人们交互与价值传递方式。上述三条假设在今天看来很有预见性，但在10年前就能准确预测到，实在让我们不得不佩服IBM深刻洞察未来的能力。基于这三条假设，IBM重构了自己的战略方向，即聚焦云和人工智能，致力于把IBM重新打造成硬核科技公司。之所以说是重新，一是罗睿兰执掌之前，服务是IBM绝对的主营业务；二是IBM从

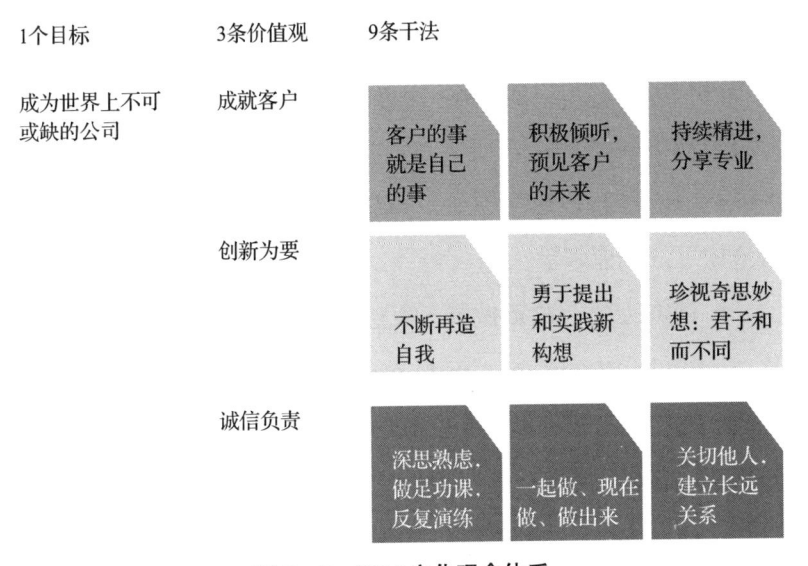

1个目标	3条价值观	9条干法		
成为世界上不可或缺的公司	成就客户	客户的事就是自己的事	积极倾听，预见客户的未来	持续精进，分享专业
	创新为要	不断再造自我	勇于提出和实践新构想	珍视奇思妙想：君子和而不同
	诚信负责	深思熟虑，做足功课，反复演练	一起做、现在做、做出来	关切他人，建立长远关系

图 5-3　IBM 文化理念体系

创立到郭士纳执掌之前，都是靠产品和技术吃饭的硬核科技公司。

关于人生观。就是"1-3-9"中的"1个目标"，即成为世界上不可或缺的公司。

提到IBM的价值观，很多人会想到沃森父子时代的"服务客户、尊重个体、追求卓越"以及由这三条核心价值观所成就的辉煌。但是在《谁说大象不能跳舞》中，这三条价值观成了IBM走向破产边缘的罪魁祸首，所以被郭士纳废除，取而代之的是"求胜、激情、团队、执行"。"纯蓝"（IBM对大学毕业后一直在IBM工作的员工的称呼）彭明胜接手后，一方面觉得沃森父子时代的三条核心价值观的确不合适，另一方面也认为郭士纳主推的四条核心价值观与IBM气质不符，所以在2002年通过全球 7 万多员工线上参与的"价值观大讨论"将 IBM 核心价值观提炼总结为"成就客户，创新为要，诚信负责"。对该核心价值观解读如下：

- 成就客户，指向利他，即在成就客户的过程中践行"不可或缺"的企业宗旨。
- 创新为要，侧重做事，表达的意思是创新很重要，然而这不是原文"Innovation that matters, for our company and for the world"的意涵，按"信达雅"的要求，"务实创新"比"创新为要"更好。
- 诚信负责，侧重做人，原文是"Trust and personal responsibility in all relationships"，原意是员工和利害攸关者交互时要将心注入，不做符号人，不甩锅公司，同时要通过自己努力，构建并增进各方信任。基于上述理解，更好的中文翻译应当是"弘毅致信"——担责是工具，信任是目的。

第一次看到 9 条干法，觉得就是文化手册中的行为规范，看原文发现是"9 Practice"，猛然大悟，这 9 条干法是员工践行价值观的行动指南，是 IBM 的方法论。

- 9 条干法是在大量访谈各层级绩优者与绩劣者的基础上，通过对比分析两者差别总结提炼出来的，按干法做事，事半功倍。
- 每一条干法下有三条具体行为，如在"客户的事就是自己的事"之下的三条行为分别是："从客户的立场看世界""将客户的需求摆在自己的需求之前""把麻烦留给自己，给客户交付一个 IBM 的完美体验"。

- 和 IPD、ISC、BLM 等聚集单个流程的方法论相比，"1-3-9"中的 9 条干法适用于所有员工、所有流程。

IBM 的核心价值观非常经典，被国内不少企业模仿甚至沿用。很多人认为，IBM 在 IT 行业能活这么久，实现跨部门员工高效协同，主要是 IBM 核心价值观的功劳。在笔者看来，"1-3-9"最精华的部分，是基于行为研究从 3 条核心价值观提炼出来的 9 条干法，化抽象核心价值观为让员工能事半功倍干活的行动指南的具象。IBM 文化中最精华的部分不是价值观而是方法论——IBM 非常重视方法论，以至于有人戏称 IBM 为 International Business Methodology（国际商业方法论）之简写。IBM 上述做法，既能推进核心价值观的落地践行，又能帮助员工在工作中事半功倍、快速提升。和同化、灌输等方式相比，这种方式让核心价值观在"随风潜入夜"中落地，在"润物细无声"中起效。

4. 小结

华为、7-11 和 IBM 的企业文化，都有一个共同的特征，那就是它们都在干一件事，即在精神上造人，而且它们的载体和目标都是深入头脑中不易为人所察觉的底层操作系统。

智慧源于定义，认知决定格局

有两类概念，一类概念是在客观世界能找到对应实物，如桌子和手机；另一类概念在现实世界中找不到对应实物，这类概念叫构念（contructed idea）。文化不只是构念而且是构建在构念之上的构念，文化的这一内在特征决定了文化的定义极易各说各话。事实也的确是这样，以至于有人笑称，有多少研究文化的专家，就有多少种文化的定义。正因为文化是构建在构念之上的构念，故而很难说哪个定义正确，哪个定义错误，即我们不能用正确和错误来区分不同专家所给出的定义，因为每个定义都有它的道理，但这不代表定义没有好坏之分。

基于"体相用"架构，笔者对文化这一抽象构念的解读如下：

● 体：文化是由世界观、价值观、人生观和方法论耦合而成的底层操作系统。

● 相：文化是我们这里的做事方式。

● 用：文化是价廉物美且广谱适用的社会控制机制，其作用的结果是人格。

上述解读与一般的理解差别很大，所以这里就产生一个问题，这个定义好吗？判断定义好不好有三条标准：一是逻辑自洽，即定义不仅要能自圆其说，还要与已有权威定义逻辑一致；二是感知他洽，即定义和人们通常的理解一致，好的定义能让人似曾相识，而且有拨云见日之感；三是实践互洽，即该定义能更好地帮助人们认识和改造世界。

1. 逻辑自洽

埃德加·沙因在组织文化领域非常有影响力。沙因把文化分三层，表层是人造物，包括产品、架构、流程和制度等。中间层是公示价值观（即贴在墙上或写在官网上的价值观），包括使命、愿景、核心价值观及发展战略与经营哲学等。底层叫基本假设，这是文化中最重要且通常不在员工显意识中的部分。在《企业文化与经营业绩》中，科特把文化分为两层，表层是行为规范，底层是价值观念。科特的价值观念和沙因的基本假设有很多相似之处，他们对文化的定义有两点共同之处，一是文化是分层的，二是最具决定性和最难理解的部分是底层。

既然基本假设这么重要，那么基本假设由什么构成、作用机制是什么？沙因提出从时间、空间、人性、人际关系、人类行为、现实真理六个方面研究群体基本假设，但影响不大。原因是沙因的这一框架既不好用——按这个框架提炼群体基本假设非常难，也不实用——提炼出来的基本假设对群体行为的解释和预测效力有限。2006年，笔者随导师研究联想文化的作用机制，用沙因框架提炼联想文化的底层假设，项目组花了很长时间，发了几千份问卷，访谈了柳传志、杨元庆、郭为在内的很多高管,访谈纪要有100多万字,结果项目组辛辛苦苦提炼出来的基本假设对企业绩效预测和组织行为解释的价值并不大。这个研究很可能是沙因文化理论在中国企业界最大规模的实证研究。碰壁后笔者反思,到底是沙因底层基本假设研究框架出了纰漏,还是项目组的研究方法有问题,当时对此没有定论。随着对企业文化理解的逐渐深入,笔者认为作为大脑底层操作系统的基本假设就是"三观一论",理由有三:一是"三观一论"符合沙因和科特对文化底层的价值观念或基本假设的解读;二是用"三观一论"解读企业历史上的重大事项具有很强的解释力;三是"三观一论"和企业文化理念非常吻合,而且文化落地载体就是员工头脑中的"三观一论"。

把文化理解为由"三观一论"耦合而成的底层操作系统,是对沙因和科特的组织文化理论的进一步发展,解决了他们明确提出但在学术界一直没有很好解决的问题。

2. 感知他洽

把文化定义为"三观一论",不管是国内还是国外,从词源上和大家的感觉相融。

先说国内。字面上看,文化是"以文化之"的简写。文化一词最早出现在西汉刘向的《说苑·指武》中,"圣人之治天下也,先文德而后武力。凡武之兴,为不服也。文化不改,然后加诛"。

西晋束皙的《补亡诗》中有"文化内辑，武功外悠"。从词源上看，文化的本义有三：一是圣人治理天下的工具；二是作为治理工具，文化和武力二元对立、相辅相成；三是文化通过影响人心而起作用。换言之，词源意义上的文化与知识无涉（与之相应的是文化水平），与物质无关（与之相应的是文明，如两河文明、中华文明和古埃及文明等），与制度有异（与之相应的是礼法）。"三观一论"属该范畴，和文化词源上的含义很匹配。

再看国外。文化一词对应的英文是 culture，这个词的词源含义是农业中的耕种，后延伸到人身上为文化。形象地说，如果把人心比喻成土地，文化是在心田上播撒种子，有两种可能，一种是种子自发成长、自生自灭，一种是通过付出努力、精力和坚持等不断耕耘而成长。从这个角度讲，文化是动态过程，产出是个体的行为改变与心性提升。把文化归结为"三观一论"，既符合文化（culture）一词的本源含义，同时和国外大企业的文化建设实践匹配。

3. 实践互洽

逻辑自洽和感知他洽还停留在理论层面，判断一个定义好不好，关键是看它在实践中有没有用和好不好用。把文化定义为"三观一论"，既实用又好用，而且不管是社会层面还是企业层面都行得通。关于这一点，前文已有很多阐述，这里再补充一个案例。

不把文化等同于表面的行为模式，而把文化看作影响个人和群体行为的"三观一论"，初看不好操作，实则简便易用。笔者曾参与两家院所类企业咨询，发现它们在市场化过程中遇到的很多问题都能在院所文化上找到根源。笔者将院所文化用"三观一论"解构如下：

- 世界观：想明白了，事情就做成了。
- 人生观：做有钱的知识分子。
- 价值观：以自我为中心；理性至上。
- 方法论：以课题为中心，包产到户，作坊式科研。

上述"三观一论"虽不完整，但可解释院所类企业的很多行为。院所文化主导的企业，搞课题发文章没问题，但很难在前沿领域有重大突破，在充分竞争的行业里做大做强做优。任正非很早就看到，搞包产到户做不成大企业，做不出能支持华为"三分天下，华为有其一"雄心的好产品，故而很早探索构建以"独立之人格，自由之精神"的知识分子为主体的高效协同体系。探索过程中，华为尝试过周化、竞赛（如同样的项目用两支队伍相互竞争）等多种方式，这些实践当然有用，但如果没有以 IPD 为代表的端到端流程建设，华为的梦想就只能写在纸上。任正非曾说，"华为没有院士，只有院土"。这句话的深层含义是华为要的不是发文章和做样机，而是化知识为可大规模销售的优秀产品和由大规模销售带来的商业成功。

以文化人,人事合一

管理经历了三个阶段。第一阶段是经验管理,用人管人,靠经验管事,在管人和管事中侧重管人,典型代表是家长式领导。第二阶段是科学管理,重方法工具,在管人和管事中侧重管事,典型做法是时间管理、动作研究和流程管理。第三阶段是文化管理,用文化筛选和塑造员工,将做事最佳实践固化为惯习,这个阶段人事合一而且相互圆融,事是人做,人因事成。如果用一句话概括科学管理和文化管理的区别,笔者认为这句话是"科学管理更多侧重做事、追求效率;而文化管理侧重造人、直指人心"。

我们不能从身体上复制人,但我们可以把企业家及其核心团队经验教训背后的底层假设总结提炼出来并形成文化,这个过程是企业文化提炼过程;然后用文化来甄选、训练和复制干部,这个过程就是文化落地的过程。相较于经验管理和科学管理,文化管理耗时虽长,但如"十年树木,百年树人"昭示的一样,只要方向正确,持之以恒,文化建设的投入产出比肯定最高。IBM统计过,所有投资中培养干部发展的回报率最高。文化管理表面上是宣传和仪式,实质是用文化塑造干部,并通过干部影响和带动员工。

第六章
组织文化建模与测量：看见看不见的文化

第五章重点解读文化的本质内涵，目的是从"文化的丛林"中走出一条文化认知之路。然而对企业而言，更实际和重要的问题是组织文化测量和文化建设，因为只有测量才能看见文化，即让文化浮出水面，只有建设才能让文化落地，即让文化"内化于心，外显于行"，毕竟说服那些不相信文化力量的人，还是要靠让人信服的数字和让人敬服的成果。

文化建模：打开文化的"内容"黑箱

从"体相用"角度定义和解读文化，看上去能理解，但实操却很难。比如"我们这里的做事方式"，一看这个定义就知道讲的是组织文化，但是做事方式的外延非常宽泛。这样接下来的第一个问题就是，如果文化就是"我们这里的做事方式"，那么怎样从万象纷纭中抓住文化要点，且能和别人描述和解读呢？这就涉及文化建模。

建模是对客观事物的抽象，旨在模拟客观事物内部结构及作用机制。特征如下：

- 建模不是孪生，要点是抓住事物主要矛盾和矛盾的主要方面，而不是面面俱到。

● 遵从"奥卡姆剃刀原则"，以最精简的模型描述客观事物最重要的特点。建模和研究目的相关，对同一事物建模，目的不同则模型有别。

● 模型须抓住精髓，有很强的仿真性、解释力、预测力。

基于文化定义，我们需要两个模型：一个针对文化表层"我们这里的做事方式"，是相上建模；另一个针对文化底层的"'三观一论'所构筑的底层操作系统"，是理上建模。

1. 相上建模：提炼做事方式

相上建模有三类方法。

一是文化分类法。组织文化分类最有影响力的模型是奎恩的"对立价值观模型"（CVF），见图6-1。该模型基于"关注内部和整合/关注外部和差异"与"稳定和控制/灵活和自由"两个维度，把组织文化分成部落型、委员型、市场型以及等级型四类。其他分类模型如特姆彭纳斯和乌廉姆基于正式程度和集权程度把组织文化分为孵化器型、导弹型、家族型和埃菲尔铁塔型四类（见图6-2），但它的影响力远不如CVF。

二是因子组合法。通过聚类分析，把对企业经营业绩影响较大的价值观整合成若干文化因子，再用问卷量化和刻画组织文化。其中最有影响力的是丹尼森组织文化模型（DOCS，

第六章 组织文化建模与测量：看见看不见的文化

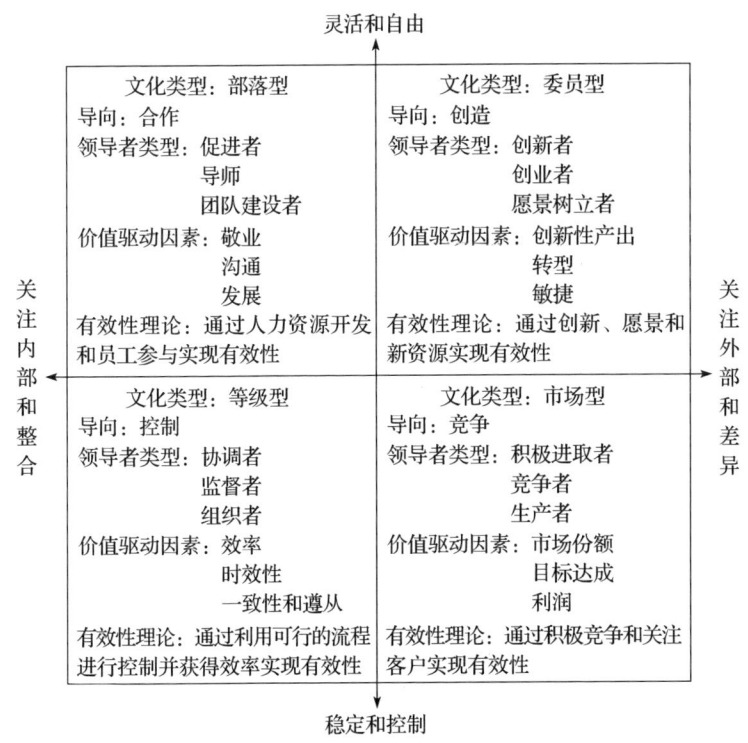

	灵活和自由	
关注内部和整合 ←	文化类型：部落型 导向：合作 领导者类型：促进者 　　　　　　导师 　　　　　　团队建设者 价值驱动因素：敬业 　　　　　　沟通 　　　　　　发展 有效性理论：通过人力资源开发和员工参与实现有效性	文化类型：委员型 导向：创造 领导者类型：创新者 　　　　　　创业者 　　　　　　愿景树立者 价值驱动因素：创新性产出 　　　　　　转型 　　　　　　敏捷 有效性理论：通过创新、愿景、新资源实现有效性
	文化类型：等级型 导向：控制 领导者类型：协调者 　　　　　　监督者 　　　　　　组织者 价值驱动因素：效率 　　　　　　时效性 　　　　　　一致性和遵从 有效性理论：通过利用可行的流程进行控制并获得效率实现有效性	文化类型：市场型 导向：竞争 领导者类型：积极进取者 　　　　　　竞争者 　　　　　　生产者 价值驱动因素：市场份额 　　　　　　目标达成 　　　　　　利润 有效性理论：通过积极竞争和关注客户实现有效性	→ 关注外部和差异
	稳定和控制	

图 6-1　对立价值观模型

	平等主义	
关注员工关系	自我实现导向文化 孵化器型	计划导向文化 导弹型	关注任务
	权力导向文化 家族型	角色导向文化 埃菲尔铁塔型	
	等级主义	

图 6-2　特姆彭纳斯和乌廉姆的组织文化分类模型

见图 6-3）和霍夫斯泰德着眼战略应用的组织文化诊断量表（DOCSA，见图 6-4）。学者郑伯埙等人的组织文化价值观量表（VOCS）也有一定影响力，其从社会责任、敦亲睦邻、顾客取向、科学求真、正直诚信、表现绩效、卓越创新、甘苦与共、团队精神等九个维度考察组织文化。

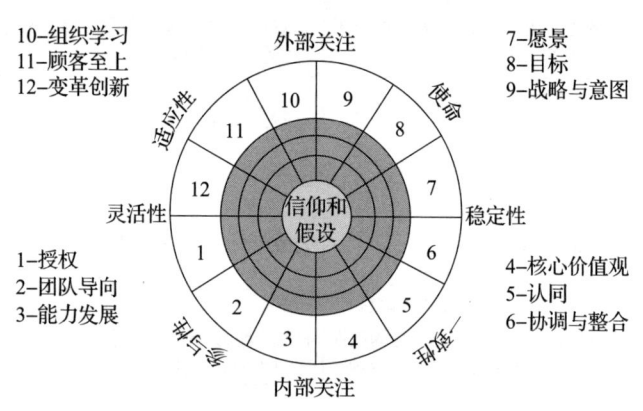

图 6-3 丹尼森组织文化模型

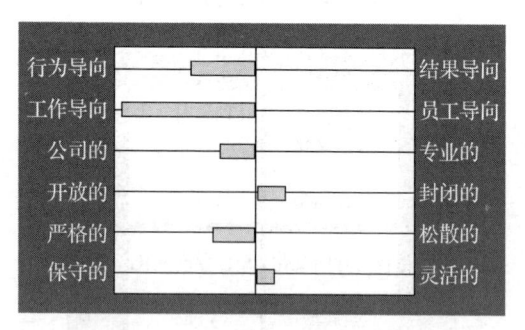

图 6-4 组织文化诊断量表

文化分类法基于两个维度把文化分成四类，优点是好记、易传播、解释力强，不足是过于简单且和文化建设举措与抓手之间缺乏内在关联。因子组合法的优点是对文化刻画更细，找出问题后可对症下药，不足是解释力不强，表现在三个方面：一是很难从逻辑上讲清楚，为什么是12个（DOCS）、9个（VOCS）和6个（DOSCA）文化因子而不是更多或者更少，更讲不清楚为什么是这些文化因子而不是别的。二是很难用一两句话把企业的文化特征描述出来，作为专家诊断和测量文化的工具非常不错，但很难将测量结果向企业中高层管理人员解释清楚。三是这些文化因子测量出来的组织文化和企业经营业绩的关系一直都是争论很大的话题，逻辑上组织文化和经营业绩高度正相关，如测量结果不是这样，说明文化建模时提炼的文化因子没有抓住文化的本质。

有没有一类方法，不但兼具上述两种方法的优点，又能规避两者的不足呢？这就是接下来笔者要介绍的第三类方法。目前最有影响力的是库克和拉夫蒂等人开发的组织文化量表（OCI），从员工自我感知和工作效能两个维度出发提炼出12个文化因子，再将文化分为建设型文化、主动/防卫型文化和被动/防卫型文化（见图6-5）。

受CVF、DOCS和OCI的启发，笔者从流程导向/员工导向、内部整合/外部适应两个维度，将文化分为纪律型、成长型、合作型和社团型四类，称为文化分类画像模型，如图6-6所示。对该模型解读如下：

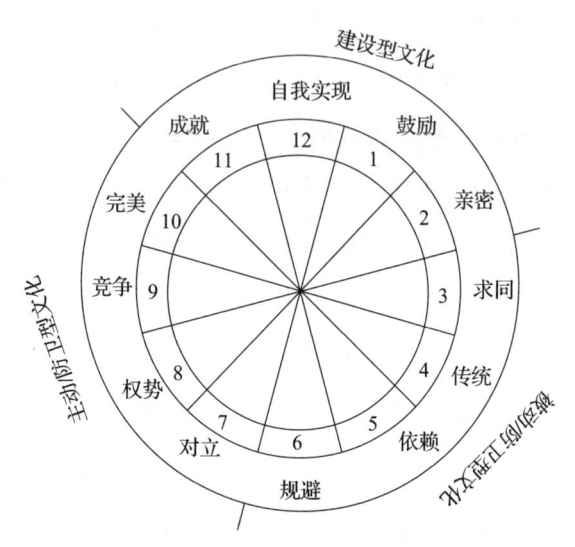

图 6-5 组织文化量表

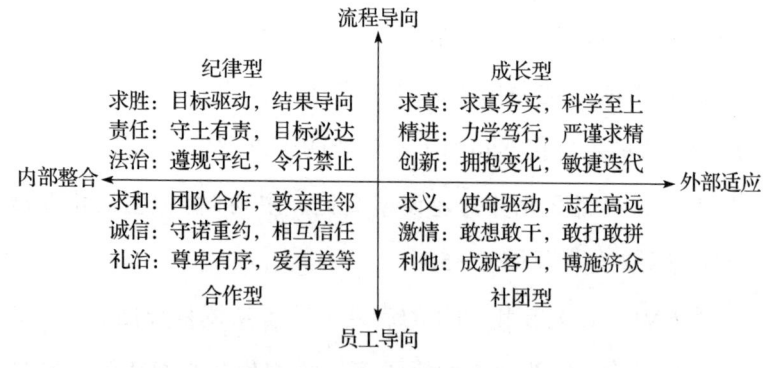

圆环外标签（顺时针自顶部起）：建设型文化、鼓励、亲密、求同、传统、被动防卫型文化、依赖、规避、对立、权势、主动防卫型文化、竞争、完美、成就、自我实现

圆环内标签（对应扇区1-12）：
1 鼓励、2 亲密、3 求同、4 传统、5 依赖、6 规避、7 对立、8 权势、9 竞争、10 完美、11 成就、12 自我实现

图 6-6 文化分类画像模型

坐标轴：纵轴上为"流程导向"，下为"员工导向"；横轴左为"内部整合"，右为"外部适应"。

纪律型
- 求胜：目标驱动，结果导向
- 责任：守土有责，目标必达
- 法治：遵规守纪，令行禁止

成长型
- 求真：求真务实，科学至上
- 精进：力学笃行，严谨求精
- 创新：拥抱变化，敏捷迭代

合作型
- 求和：团队合作，敦亲睦邻
- 诚信：守诺重约，相互信任
- 礼治：尊卑有序，爱有差等

社团型
- 求义：使命驱动，志在高远
- 激情：敢想敢干，敢打敢拼
- 利他：成就客户，博施济众

- 维度选取。横向维度测量组织文化建设目标，两个极点是内部整合和外部适应；纵向维度刻画组织文化建设的方法，即实现目标的手段和方法是依靠流程（法治和"王在法下"）还是英雄（人治和"王就是法"），两个极点是员工导向和流程导向。该框架和 CVF 相似，都是采用两套对立价值观把文化分成四类，二者不同的是，CVF 的两个维度可概括为目标和特征，而文化分类画像模型的两个维度可概括为目标和手段，从逻辑性和实践性讲，"目标 + 手段"比"目标 + 特征"更科学。

- 文化分类。基于目标和手段两个维度把组织文化分为成长型文化、纪律型文化、合作型文化和社团型文化四类，对应人类历史上最古老且形态各异的四类组织。文化基模中没有政府文化和企业文化，原因是它们自身不具独立性，是文化基模中四类文化的组合体。如企业文化是合作型文化、纪律型文化、成长型文化和社团型文化的耦合体——合作型文化强调温情与合作、纪律型文化强调效率与服从、成长型文化强调创新与求真、社团型文化强调超越与利他。很多企业特别是民营企业用"纪律型 + 成长型 + 合作型"描绘自己的企业文化，一方面说明企业文化具有这三类文化的特质，另一方面漏了一个非常重要的类型即社团型文化，这类文化在今天拥有强大的生命力，对于这一点，我们不可不察。

- 文化要素。受 DOCS 的启发，笔者在每个分类下提取了三个最重要的文化因子。第一个文化因子是这类文化追求的最高目标——合作型文化求和、纪律型文化求胜、成长型文化求真、社团型文化求义。另外两个文化因子，在内部整合域下的合作型文化强调诚信和礼治，纪律型文化强调责任和法治，这四个文化因子分为两对，一对是礼治和法治，回答组织"靠什么"整合个体，另一对是诚信和责任，回答个体"凭什么"融入团队；在外部适应域下成长型文化强调精进和创新，社团型文化强调激情和利他，这四个文化因子分为两对，一对是精进和激情，回答个体"凭什么"在这类组织生存，另一对是创新和利他，回答组织"靠什么"在社会上立足。总结下来，每类文化下的三个文化因子分别回答对四类组织而言最重要的三个问题："为什么"——回答组织存在的价值，"凭什么"——回答个体在组织中的生存策略，"靠什么"——回答组织靠什么在社会上立足（外部适应）和合众为一（内部整合）。

与前文提及的模型相比，本模型的主要优点如下：

- CVF只有文化分类及特征，本模型在每个分类下列出该类文化三个关键文化因子，如合作型文化强调求和、诚信和礼治等，这些文化因子既结构性地描述了此类文化的主要特征，同时还是建设文化的重要抓手。形象地说，CVF中的四类文化是"黑箱"，而文化分类画像模型中的每类文化都已解构成"白箱"，从学术和实践的角度都是巨大进步。

- DOCS中虽然每个象限下也列了三个文化因子，但又有两个问题：一是12个文化因子是怎样提炼出来的以及相互关系是什么，该模型有些语焉不详；二是用12个文化因子替代CVF中最为精华的文化分类，恐怕"倒洗澡水的时候连小孩也一起倒掉"，不可谓不可惜。

- OCI虽有分类也有因子，但可惜的是，OCI在理论上的文化分类与实践使大家对文化的感知偏离很大，因而缺乏解释力和预测力。一个不能被实践拥抱的量表，再精致也是学者的自娱自乐。

综上所述，文化分类画像模型在继承其他模型优点的同时，规避了它们的不足，对企业经营业绩和组织行为有很强的解释力和预测力，理论上逻辑精密，实践中有用、好用、易用。

2. 理上建构：发现底层操作系统

沙因对底层假设提出了系统研究框架，如前所述，该框架在逻辑上难以自洽，实践中既不好用也不实用。在研究企业文化的过程中，笔者归纳出以下两个框架。

（1）把企业当成生命体，用文献法、访谈法和田野调查法深度研究以企业家为核心的高管团队的"三观一论"。其成果如表6-1所示。

表6-1 以企业家为核心的高管团队的"三观一论"

	华为	7-11	IBM
方法论	流程：IPD、ISC、BLM、IFS； 组织："拧麻花"、"铁三角"、"让听得见炮声的人呼唤炮火"、"深淘滩，低作堰"、用规则的确定来对付结果的不确定； 干部：少将连长，炸开人才金字塔，猛将发于卒伍； 客户：质量好、服务好、低运作成本，满足客户需求； 战略：压缩原则与饱和攻击，不在非战略机会点上消耗战略竞争力量； 经营：有利润的收入，有现金流的利润； 组织建设：以客户为中心，以奋斗者为本，长期艰苦奋斗，坚持自我批评	集团经营：密集开店＋产品开发和供应链＋直接沟通； 门店运营：品类齐全、亲切待客、鲜度管理、清洁卫生； 客户经营：站在顾客的立场，思考客户明天的需求，以客户为标准果敢决策，由此创造新事物的新价值； 伙伴生态：经营生态，合作共赢； 员工职业化：不为做不到找理由、要为成功找方法，用另一个自己做判断、不依附于公司和上级； 变革创新：假设—执行—验证，贯彻基本，应对变化，不随大流，敢破常规，失败而不止于失败	流程：IPD、ISC、BLM等； 干法：从3条价值观导出9条干法
价值观	成就客户、艰苦奋斗、自我批判、开放进取、至诚守信、团队合作（2009—2014年）	—	成就客户，创新为要，诚信负责
人生观	1994年：通信行业三分天下，华为有其一； 1997年：世界一流设备供应商，世界级领先企业； 2019年：构建万物互联的智能世界	以己之诚，赢顾客、社会和员工之信任，成为顾客生活中不可或缺的公司	成为世界上不可或缺的公司
世界观	员工：劳动、知识、企业家和资本创造了公司的全部价值（1997年）； 行业：未来数据管道会变得像太平洋一样粗（2012年）； 组织：华为之熵，光明之矢（2017年），从上游到下游的产业链的整体强健是华为生存之本	真正的竞争对手是"瞬息万变的顾客需求"； 现在不是过去的延长线，而是由未来定义的； 消费即是心理战，零售更是与消费者面对面的心理肉搏战	数据是新的自然资源； 云把IT和流程彻底改造成数字化服务； 移动社交重塑人们的交互与价值传递方式

（2）经营管理底层假设模型见表6-2，其中初心、追求和方法三个维度分别回答为了谁（why）、为了什么（what）和怎么做（how），时间、空间和主体三个维度则回答了特定时空中靠什么取胜并达成目标。

表6-2 经营管理底层假设模型

维度	经营——外部适应		管理——内部整合	
	优秀企业	一般企业	优秀企业	一般企业
初心	以义为先：遵循社会公认的道德准则行事，即使这样做可能会有损于自身短期利益	以利为先：从企业自身利益特别是经济利益出发，即使这样做可能有悖社会良俗	员工为本：在涉及员工利益的决策中充分尊重员工，重视员工体验优化和潜能发挥	老板至上：以上级好恶为出发点，为了公司好、老板爽，即使员工反对也会坚决推进
追求	着眼做久：在确定性趋势中寻找长周期机会，风险经营	着眼做大：在不确定环境中寻找确定性机会，灰度经营	效率优先：以赢得机会为出发点的扩张体系，不会因噎废食/因风险捆住手脚；表现在员工身上是业绩为先、争先向前	风险规避：以减少损失为出发点的收敛体系，为杜绝1%的人作恶，让100%的人受罪；员工不求有功、但求无过
方法	客户导向：站在客户立场，洞察客户需求和变化趋势，经营客户忠诚和客户价值	竞争导向：紧盯对手，经营模式多表现为"刺激—反应"的同质化价格战	持续改善：复盘和自我批评以持续精进，不断寻找更佳做事方式以达到更好效果	循规蹈矩：在舒适区内卷，规则和程序即正义，多一事不如少一事，萧规曹随，惯性运作
时间	战略导向：战略引领成长，着眼未来布局，强调方向正确	机会导向：机会引领成长，看重机会捕捉能力，强调快速响应	标本兼治：分析根因，寻求短期见效的速赢方案，着力推进着眼长远的体系优化	见招拆招：快速响应，强调短期见效，经常灭火，到处是火

续表

维度	经营——外部适应		管理——内部整合	
	优秀企业	一般企业	优秀企业	一般企业
空间	经营生态：以生态/价值链的视角，着眼构建共赢生态/更强价值链	经营企业：着眼企业层面，从企业自身得失出发思考问题	全局一体：从客户和价值出发，以端到端视角打破部门壁垒，寻找全局最优解	局部最优：旨在建立规范与秩序，多站在部门角度思考问题
主体	产品为王：在性能和价格上下功夫，靠产品打动客户	关系为王：靠营销与服务打动客户	"王在法下"：良治，追求真理，基于是非曲直决策	"王就是法"：人治和法制，老板的话就是真理

视企业为生命体的完整研究框架全面且系统，虽然对研究者的要求很高，需通过大量沉浸式研究才能抓住企业文化的要点，但一旦做好，效用十分可观。因为研究过程在很大程度上讲，是企业文化研究者探究企业中高层管理者自己虽有感觉但也不曾全面把握甚至无法感知的潜意识的过程，是在客观视角下引导企业关键少数和"过去的自我"及"未来的自我"深度对话的过程，是帮助企业围绕"如何有效经营企业才能基业长青"这一根本问题形成经营哲学的过程。

经营管理底层假设模型是完整研究框架的子集，从宏观层面研究企业经营管理背后的假设。该模型的优点是快速易用，不但对企业当下经营业绩与组织行为有很强的解释力，而且还对未来特定场景下企业的行为模式与经营绩效做出可靠性比较高的预测，其不足是既不全面也不系统，但如开篇所说，文化建模本来就不应也不能求全。

3. 相上建模 + 理上建构：看见看不见的文化

文化建设的难点是虽然大家都能感知到文化的存在和文化的影响，但很难说出文化到底是什么和文化有什么特征。

流传甚广的文化洋葱模型从理念、制度、行为和物质四个层面解读文化，这里不探讨模型好坏。物质层面的东西，虽然能体现文化理念，但是不同的人对同一作品解读各异；理念层的使命、愿景、核心价值观和张贴在墙上的口号和标语，是企业想要建设的目标文化，是沙因文化三层次模型中的公示价值观，而非企业实际的文化。文化洋葱模型网上介绍资料较多，本书不赘述。

怎样解决上述难题，让大家能看见看不见的文化？文化分类画像模型和经营管理底层假设模型相结合，可以快速且有效抓住文化从相到理的关键点，明确组织文化存在的主要问题，指明未来改善的重点方向，而这正是组织文化建模的要义之所在。

回归本章开篇所说，组织文化建模要解决的问题是让文化定义可操作：

● 本质上，文化是由"三观一论"耦合而成且为群体共有的底层操作系统。聚焦到企业层面，笔者用以企业家为核心的高管团队的"三观一论"和经营管理底层假设模型展现深隐在企业日常行为背后但却支配甚至决定着企业命运的看不见的底层操作系统。

● 表象上，文化是"我们这里的做事方式"。聚焦到企业层面，笔者采用文化分类画像模型描写文化及其特征，从企业日常万象中抽象出四类文化和 12 个特征。

● 功能上，文化是价廉物美且长效的社会控制机制，其结果是人格。笔者在本章中所列的文化测量，出发点是功利视角下的文化观，即不管是相上建模还是理上建构都是围绕企业经营，服从和服务于企业的短期绩效优秀和长期基业长青，这在下文的企业文化测量部分还会继续解读。

文化测量：打开文化的"强度"黑箱

文化之所以难以测量，是因为文化于企业而言可谓"其大无外，其小无内"，因而不好把握。但是组织文化建模一旦完成，组织文化测量难题就可迎刃而解。

1. 画"相"：用文化分类画像模型测量

测量方法如下：

● 文化分类。基于 CVF 开发的组织文化评价量表（OCAI），让被调查者把 100 分无损分配到合作型、纪律型、成长型和社团型四类文化中，其中组织文化完全吻合的得 100 分，一点也不符合的赋 0 分。

- 因子组合。用李克特量表测量 12 个文化因子与组织文化的吻合度，衡量企业的实际文化在文化因子上的真实表现，各自独立打分；用等级顺序量表衡量 12 个文化因子在组织文化中的相对排序，测量文化因子的强度，结果强制排序。

图 6-7 是某知识型员工为主体的企业用该模型测量文化的案例，从中可以看出：

- 文化解读。该企业主要是纪律型文化和社团型文化的融合体，关注短期市场表现，忽略长远知识创新，强调快速执行和客户导向，但内部钩心斗角、山头盛行，员工体验感比较差。
- 领导行为。家长式的领导，承包制的管理，强于管人、弱于治事。
- 绩效预测。核心人才的离职率高，产品创新更多靠英雄灵感，在知识密集、竞争激烈的行业里，短期内绩效也许可以维持，但长期大概率会降低。

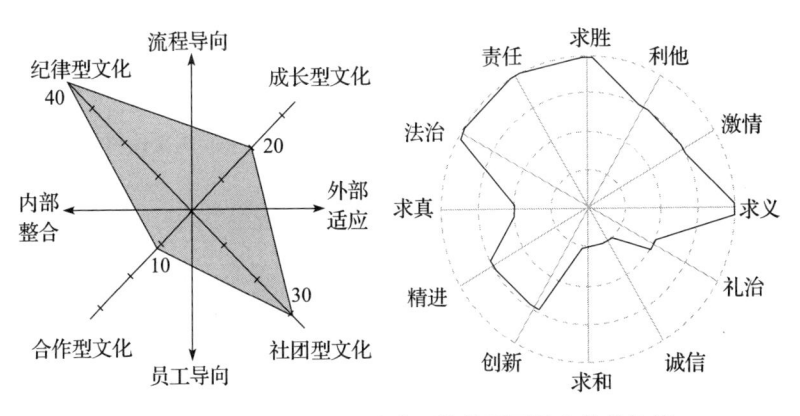

图 6-7 某企业用文化分类画像模型测量文化的结果

2. 寻"理"：用经营管理底层假设模型测量

基于经营管理底层假设模型，从以下三个方面测量组织文化的底层假设：

- 用语义量表测量企业经营管理底层假设在六个维度构建的连续直线上的落位。
- 用李克特量表测量企业在 24 个文化因子上的得分。
- 用等级顺序量表测量经营和管理各自域下 12 个文化因子的强度。

图 6-8 是用语义量表测量某连锁零售企业的组织文化底层假设的结果。

	经营				管理		
初心	以义为先		以利为先	员工为本		老板至上
追求	着眼做久		着眼做大	效率优先		风险规避
方法	客户导向		竞争导向	持续改善		循规蹈矩
时间	战略导向		机会导向	标本兼治		见招拆招
空间	经营生态		经营企业	全局一体		局部最优
主体	产品为王		关系为王	王在法下		王就是法

图 6-8　某连锁零售企业的组织文化底层假设的测量结果

该企业年销售收入 40 亿元左右，以直营为主，后改为加盟，其后发展速度远不如前。背后原因有很多，以文化角度解读如下：

- 经营视角：主流是战略导向，仍有较多机会导向成分，这在直营时代无妨，但改为加盟后，加盟商和企业之间的矛盾逐渐累积且体验感变差。对生态伙伴关注不足，这在直营时代影响不会很大，因为伙伴主要是供应商；直营改加盟后，如果不以加盟商为中心并充分考虑它们的利益和感受，拓展必受阻。直营时代门店是自己的，每个门店都盯着对手，一定程度上也是紧盯客户；改加盟后企业和客户之间有加盟商且加盟商很多，此时若只盯着对手，则会因对手太多且各地不一而挂一漏万。

- 管理视角：六个维度归结到一点，这是一家靠老板强力驱动、快速反应的企业，但组织能力或者说体系能力一般。直营时上面指令可直通门店员工，问题不大；加盟更多靠体系、规则、契约和数字化平台去驱动和赋能加盟商更好服务客户，加盟模式对企业的组织能力提出了更高的要求，个人英雄在其中发挥的作用与直营时代相比大幅降低。从文化上讲，该企业还没有做好从依靠个人英雄努力奋斗向依靠组织能力驱动企业高效发展的转型准备。

- 企业转型成败表面上取决于执行，本质上取决于文化。事后分析，该企业当时的战略方向没问题，直营改加盟的决策也完全正确，而上述这些看不见的文化却最终成了这家企业接下来几年在经营上徘徊不前的根因。德鲁克的"文化能把战略当早餐吃"，在这里得到充分验证。

3."理象数"与组织文化测量

借用"理象数"的架构,笔者对组织文化测量进一步解读如下:

- 理:经营管理底层假设模型是企业经营管理背后的底层逻辑的高度概括。
- 象:文化分类画像模型是描述组织文化在行为层的外显。
- 数:通过组织文化测量定量把握理和象,让我们更精准地感知和把握文化。

"理象数"一体的组织文化测量工具不但有很强的解释力和预测力,且每个维度本身就是组织文化建设的抓手。如果某维度从战略视角看非常重要且是短板,则可从该维度切入直接制订文化建设方案,这是其他文化测量工具所没有的优点。

文化建设:打开文化的"作用"黑箱

逻辑上讲,文化建设须解决三个问题。一是从内容上看,企业需要建设什么样的文化。二是从形式上看,这样的文化应当怎样表达。三是怎样推进形式和内容合一的目标文化落地生根并产生实效。

1. 内容：怎样提炼企业所需之目标文化

图6-9是笔者在多年工作实践中总结出来的文化理念体系的提炼方法。其中最复杂的是要想清楚企业面向未来的成功逻辑，文化建设必须强化这一逻辑而不能与之相悖，否则文化建设和经营就会成为两张皮。企业未来的成功逻辑可从三个方面进行提炼。

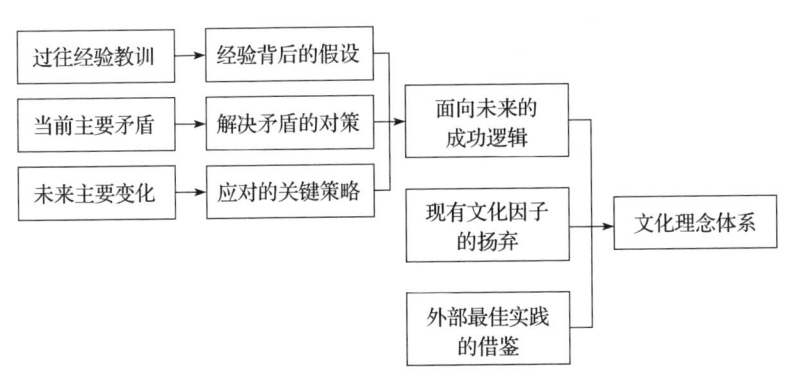

图6-9 文化理念体系的提炼方法

对图6-9的解读如下：
- 回顾过去。文化是"三观一论"耦合而成的底层操作系统，我们虽然看不见过去的"三观一论"，但能从企业历史上的重大事件解剖中找到它们留下的痕迹，我们可从这些痕迹中反推隐藏在历史事件背后的文化。这些重大历史事件，既要有成功的，也要有失败的，而且能覆盖企业研产供销服等核心职能。通过和当事人深度对话回溯当时场景，回顾决策心理，回塑深隐在事件背后的"三观一论"。

● 审视当下。深度思考企业当前面临的主要问题和主要矛盾，思考问题和矛盾背后的根因，找出解决方案，然后反思，寻找方案落地所需的文化支撑。背后的逻辑是德鲁克的"文化能把战略当早餐吃"——战略在文化面前尚且如此，解决主要矛盾的关键对策还会例外吗？

● 展望未来。企业要想在未来发展得更好，就得想清楚与未来时代匹配的企业生存模式及支撑该模式高效扩张的文化。需要特别指出的是，很多企业从战略反推文化，这在逻辑上是站不住脚的，因为战略通常就管企业三到五年且经常迭代，而文化一旦形成就很难改变。

图 6-10 是基于上述思路给某零售企业提炼的文化因子。

2. 形式：文化理念体系长什么样

在研究了众多优秀企业的文化理念体系后，笔者将其从形式上归为三类：

● 瀑布式，包括使命、愿景、核心价值观和行为规范（又称行为准则）。这种表述逻辑清晰，自上而下、顺理成章，就像瀑布，故用瀑布式为之命名。现在越来越多的企业把使命和愿景合二为一，统称为宗旨。用宗旨代替使命和愿景的原因，一是使命和愿景虽语义区分清晰，但在实践中很难区分。二是愿景

来源	未来所需之理想文化因子	文化因子	频次
过去经验教训	客户导向、聚焦与坚守、开放包容、共创共享 效率、客户导向、协同、敏捷 专业、协同、赋能 诚信、公正公平、持续学习、低调务实、分享价值、客户导向、奋斗为本、绩效导向	客户导向	6
当前主要矛盾	追求卓越、绩效导向 客户导向、全面创新、开放包容、着眼长远敢于冒险 假设一验证一改善一固化、专业、协同、赋能、全面创新 专业化与职业化、奋斗为本、绩效导向、开放包容	赋能/成就员工	6
未来主要变化	全面创新 客户导向、全面创新、敏捷响应 全面创新、合作共赢、相互赋能 成就员工、合作共赢、相互赋能	全面创新	6
使命愿景落地	客户导向、敏捷共创、成就员工 敏捷高效、全面创新	协同/开放包容	5
		专业/持续学习专业化与职业化	4
		敏捷	4
		绩效导向	3
		假设一验证一完善	2
		奋斗为本	2
		效率/高效	2
		低调务实	1
		公正公平	1
		着眼长远敢于冒险	1
		聚焦与坚守	1
		诚信	1
		追求卓越	1
		精益	1

图6-10 某零售企业的文化因子提炼

表述中通常有刺激竞争对手和伙伴的表述,如1994年华为"通信行业三分天下,华为有其一"就是明例,小企业这样表述可有效彰显创始人志在高远和胸怀天下的特质,但大企业需要的更多是内敛而不是张扬。

● 篇章式。这是华夏基石的独创,成功案例有《华为基本法》《华侨城宪章》《光启颠覆式创新操作系统》。企业采用篇章式文化理念体系需要有三个要件:一是企业家目标远大且思维有哲科高度;二是企业面临很大挑战,很难通过点状突破解决问题;三是有精通企业经营管理的笔杆子。

● 积木式,文化理念体系由逻辑上不相关的干货组成,这些干货是企业特别是以创始人为核心的高管团队信奉且在经营管理实践中一以贯之的原则,很难归入核心价值观或行为规范。特斯拉、谷歌和奈飞的文化理念体系就属于这种方式(见表6-3)。

表6-3 特斯拉、谷歌和奈飞的积木式文化理念体系

特斯拉	谷歌	奈飞
● 快速演进 ● 就做不可能 ● 思考问题要基于第一性原理 ● 像老板一样思考 ● 全情投入,全力以赴	● 以用户为中心,其他一切水到渠成 ● 心无旁骛、精益求精 ● 快比慢好 ● 民主在网上很管用 ● 寻找答案不一定要在办公桌前 ● 不干坏事也能挣钱 ● 未知的信息总是存在的 ● 对信息的需求无所不在 ● 不穿西装不代表你不专业 ● 没有最好,只有更好	● 重视你所重视的 ● 追求高绩效 ● 自由与责任 ● 情境而非控制 ● 高度协同,松散耦合 ● 支付市场最高薪酬 ● 晋升与成长

瀑布式、篇章式和积木式这三种文化理念体系表述方式各有优劣（见表6-4）。从占比看，采用瀑布式的最多，其次是积木式，篇章式最少；从趋势看，越来越多的企业选择积木式表达方式，这一方面是受特斯拉、谷歌、奈飞等顶尖企业最佳实践的影响，另一方面是瀑布式表述方式缺乏个性，对"95后"数字化原生代员工缺乏吸引力。

表6-4 三种文化理念表述方式的优劣比较

	典型案例	优点	不足
瀑布式	IBM、京东、阿里巴巴、优衣库	聚焦文化内核；逻辑严密，表达精练	千篇一律，缺乏企业特色；流于形式，有些像八股文
积木式	谷歌、奈飞、特斯拉	内容很有个性，与企业家本人的风格高度匹配，是企业和企业家过往经验和人生智慧的总结、提炼和升华；表述冲击力强，易记忆，好传播	结构不严谨，逻辑不严密
篇章式	《华为基本法》《华侨城宪章》《光启颠覆式创新操作系统》	体系完整，逻辑严密，表达完整，论证充分	篇幅比较长，不容易传播

3. 落地：目标文化如何"内化于心，外显于行"

作为个人，要"相信、理解、践行、见证"。相信企业提炼出来的文化理念是正确、可取的，对企业发展和个人提升都有价值。理解就是通过学习认真领会文化理念体系的内涵，知其来龙去脉并弄懂弄通每条文化理念是什么、为什么、怎样做。践行就是用文化理念指导工作实践，严格按文化的期望和要求行权履责。见证就是复盘和反思践行效果，如正向则加大文化内化力度，如负向则反思是自己理解错了还是应用错了，抑或是文化理念本身不正确。如果是文化理念错了，那么要主动和文化建设主管部门交流探讨，推动文化理念迭代更新。

作为领导，要践行"践行、宣传、开拓"。文化落地中，赏罚很重要，领导是关键。领导要自觉做文化的践行者、宣传者和开拓者。

- 践行。以身作则，行胜于言，要推动文化在自己领导的团队和部门里落地，领导自己得先是文化践行的标兵。自己是文化践行的标兵，员工自会有样学样，这样文化就会在员工耳濡目染中润物细无声地在团队中生根。

- 宣传。如果说践行是文化在领导的无意推动中生根，那么宣传就是文化在领导的主动作为中落地。领导有意识地用文化去塑造团队的要点有三：一是勤于传播；二是敢于应用，即用文化要求"选用育留汰"团队员工，在员工甚至上司行为与文化要求不合之时敢于"吹哨"；三是善于领导。

- 开拓。领导在文化落地中的开拓性贡献概括起来有两个。一是结合自己主管的业务，丰富文化内涵，建设能体现和彰显主文化的亚文化，如研发文化、销售文化、精益生产文化等；二是文化要与时俱进，所以领导在文化落地中，要敏于发现新问题、敢于创造新实践、善于总结新思维，并且在这个过程中迭代自己、团队和文化。

作为企业，文化建设的要点是同化、教化、固化和优化，目的是形成强大的文化场。

- 同化。基于"三观一论"的"选用育留汰"，要通过人力资源管理实践落地。背后的假设是培养员工技能易，改造员工"三观一论"难，所以将文化建设前置到招聘选拔环节、后置到淘汰标准中。

- 教化。教化有三条路径，即培训、宣传和榜样示范，目的是让文化入脑进心，进而推动文化在员工个体层面的"信解行证"，教化的主要载体包括故事、英雄、仪式等。

- 固化。把文化固化在流程和制度之中，通过制度和流程规范和引导员工行为。流程管事，制度管人。相较于同化和教化，固化最难，需对流程管理和制度设计有很深的研究，这是一个大课题，本书不展开讲。

- 优化。优化的核心是优化文化的核心理念，让文化内核与时俱进，这是文化保持生命力的关键所在。从这个角度讲，文化理念提炼本质上探究的是企业生存的底层逻辑。底层逻辑虽不解决企业生产经营的具体问题，但却能影响甚至决定企业能否走远，因为当我们把文化理解为"三观一论"耦合而成的底层操作系统时，文化中的"化"指向的对象是员工特别是中高层管理者的心性。心性错了，术再多再好也走不远。企业层面的文化落地之"四化",优化为本,同化、教化和固化为术。本若不对,术再努力,效果也不会好。

上一章探讨组织文化是什么,结论是"从本质上讲,文化是由世界观、价值观、人生观和方法论耦合而成的底层操作系统"。本章探讨组织文化的建模、测量和建设,旨在推进文化建设从让人反感的"洗脑"向基于哲科思维的经营管理实学转变,化"你学不会"的顿悟式学习为"文化建设其实不神秘"的渐进式精进。

07

第七章

组织发展与跃迁：从一维向生态的进化

组织发展是近年来国内人力资源管理领域比较热门的话题，不少企业设置了组织发展相关岗位。从知名企业发布的组织发展相关岗位的职责说明看，大家对组织发展的理解大体可分为三类，即组织结构与岗位编制管理、人才培训特别是干部培养、胜任力模型和员工职业发展通道与体系建设。上述三类职责虽然相关，但其间之区别不亚于招聘和培训。为什么专业相去甚远的职责，会被冠上同一职位名称？这充分说明两点，一是管理实践中大家都奉行拿来主义，觉得哪个名词好就用哪个，觉得哪个企业做法成功就"抄作业"，这种做法的结果大概率是在成果上碰运气；二是组织发展已被很多企业与高管所重视。这两点结合到一起，说明实践呼唤更科学、有效的组织发展理论。

本章讨论组织发展及其对企业的意义和作用。

组织发展：关注甚多，包罗万象

与组织发展在国内热度激增相比，组织发展在西方理论界和实践界的影响力已大不如前，以至于有些学者说，"组织发展已死"。

组织发展的渊源可以追溯到1939年的库尔特·勒温发表的一篇关于"民主－专制"管理风格的文章，及其在霍伍德工厂开展且后来延续了很长时间的基于行动学习和参与式管理的系列实验。20世纪60年代，组织发展迅速兴起，西方组织理论界的许多大咖都参与其中，如埃德加·沙因、道格拉斯·麦格雷戈、克里斯·阿吉里斯、沃伦·本尼斯、约翰·科特等。组织发展在20世纪70—80年代进入低潮，后来在20世纪90年代至21世纪又开始复兴，但整体上组织发展在西方学术界影响力日益淡化，逐步让位于组织变革与创新。

在阅读数百万字的组织发展英文文献的基础上，笔者将西方组织发展研究领域80多年来的智慧整合为图7-1所示的十大主流实践。

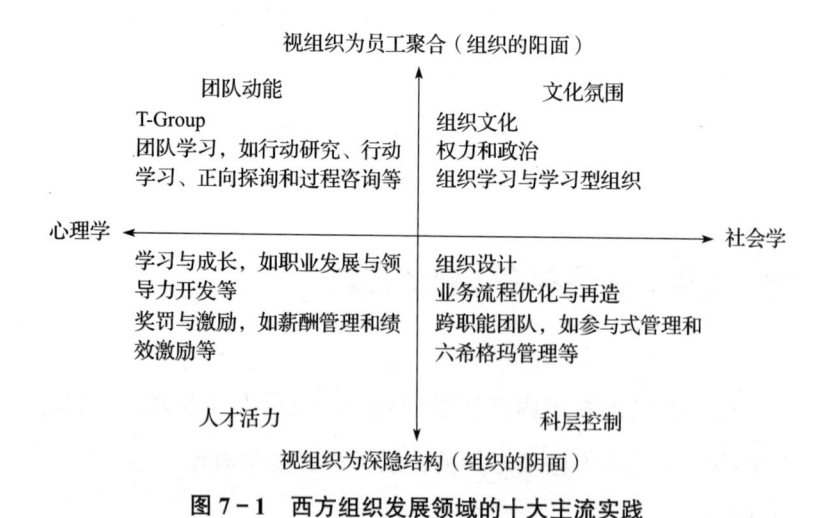

```
                    视组织为员工聚合（组织的阳面）

        团队动能                         文化氛围
        T-Group                         组织文化
        团队学习，如行动研究、行动         权力和政治
        学习、正向探询和过程咨询等         组织学习与学习型组织

心理学  ─────────────────────────────────────────→  社会学

        学习与成长，如职业发展与领         组织设计
        导力开发等                       业务流程优化与再造
        奖罚与激励，如薪酬管理和绩         跨职能团队，如参与式管理和
        效激励等                         六希格玛管理等

        人才活力                         科层控制
                    视组织为深隐结构（组织的阴面）
```

图7-1　西方组织发展领域的十大主流实践

在图 7-1 中，纵轴是研究主体所持有的对组织是什么的假设，参照第一章的研究成果，组织分为阴（结构视角）—阳（团队视角）两面。横轴是研究主体所采用的研究方法，一个是从心理学视角研究组织，研究个体在组织中的心理与行为特征；另一个是从社会学视角，研究群团的运作规范及演进规律。简单地说，从心理学视角研究组织是先个体再群体，从社会学视角研究组织则是先群体再个体。

基于上述两个视角，笔者对西方组织发展研究领域的主要成果简述如下。

团队动能侧重群体层面，主要研究方法为心理学中的行为科学。其中 T-Group 侧重提高参与者的人际敏感性与自我认知，主要参与者是不在同一个组织工作的陌生人。行动研究、行动学习、正向探询和过程咨询的参与者均来自同一工作单位，不同的是：

● 行动研究和正向探询均由顾问主导，顾问以专家身份用"医生和病人"模式开展工作。不同的是，行动研究侧重问题导向，背后的假设是通过解决问题推动组织发展；正向探询则聚焦挖掘组织中的闪光点并将其发扬光大，背后的假设是巩固长处来让组织在未来获得更大的成功。

● 行动学习和过程咨询均由客户主导，两者都强调顾问与客户的平等关系，顾问以导师身份用"教练和球员"模式帮助客户掌握方法来让客户自己发现自己的问题和强项，进而促进组织发展。不同的是，过程咨询中顾问更多以旁观者身份出现，近距离观察群体成员之间的互动过程，帮助群体成员特别是领导识别自身盲点，引导他们走出由自我认知构筑的陷阱。而行动学习中的学员，每个人既是学员，也是旁观者，既强调解决问题的能力提升，也强调由相互反馈引发的自我反思以及由此导致的群体成员相互调适。迈克尔·马奎特的行动学习公式"AL＝P＋Q＋R＋I"被业内广泛认可，是行动学习领域的经典。公式中 AL 是 action learning 的首字母缩写，意为行动学习；P 是 programmed knowledge 的首字母缩写，是已编排好的结构化知识，与现场中涌现出来的知识相对，而这正是行动学习和实践工作最大的区别，即行动学习虽强调"干"，但更看重有"剧本"的学，旨在让员工学习从自发上升到自觉；Q 是 questions 的缩写，通过"剧本"学习、头脑风暴与 360 度反馈等发现自己和团队存在的问题，这是行动学习和实践工作很大的不同，即以剧本描述的理想为"镜子"，对照现状发现问题，挖掘根因，找到举措，弥补差距；R 是 reflection 的缩写，强调通过自我反思找到底层根因和解决方案；I 是 implementation 的缩写，意为实施，指在找到根因和解决方案后由此展开新一轮且更高层面的循环。

● 过程咨询和行动研究表面看是专家和客户共同努力以解决问题并推动组织发展，但两者有非常重要的区别，即行动研究由专家发起，客户更多是参与者。而过程咨询则反过来，问题识别和过程由客户自己主导，专家在中间更多起到指导作用。

文化氛围更多从社会学的视角，探讨组织"合众为一"背后的软黏合力，包括组织文化、权力和政治、组织学习与学习型组织。组织文化旨在构建共有底层假设，最理想的状态是员工以为自己在做主，但是他做主用的算法正是组织文化作用的结果。权力和政治侧重驱动权力拥有者想看到但员工不一定情愿的行为，并强化员工对他们的依赖，其最高的境界是引而不发，即产生能让员工朝组织或权力拥有者期望的理想目标且以其所期待方式前行的"势"。相较而言，权力和政治易变且力量能被双方感知到，即权力和政治及其作用机制作用于意识层面，员工能够意识到这种力量的存在，如意识不到或者即使意识到了但不受其影响，说明权力政治无效。组织文化则不同，按沙因的观点，组织文化的底层假设多属于"百姓日用而不知"的潜意识。把组织学习与学习型组织归入"文化氛围"，主要原因是不管是阿吉里斯所讲的习惯性防卫还是圣吉的心智模式、共同愿景和系统思考，均指向沙因的底层假设，即行为科学视角下的组织学习属于组织文化建设范畴，沙因在著作中很少提及组织学习或学习型组织，原因大抵在此。

科层控制从社会学视角研究构建高效分工协同网络所需之制度，包括组织设计、业务流程和跨职能团队等。其中，组织设计表面上体现为由组织架构所承载的权责切分和汇报关系，实则是一群人一起朝共同目标而奋斗的分工与合作关系所决定的人脑与人脑之联接；业务流程表面上是完成一项任务所涉及的各种活动之间的先后关系，实则是以客户为中心、以价值为导向、端到端完成任务的最佳实践；跨职能团队由来自不同领域的员工组成，他们走到一起的目的是完成某项任务，优点是不同专业背景的员工围绕同一目标相互碰撞、激发创意进而更好地解决问题，不足是早期需要耗费大量时间，参与式管理、六希格玛管理都是跨职能团队在不同场景下的具体应用。组织设计、业务流程和跨职能团队之间的关系是，业务流程决定组织设计，跨职能团队是组织设计必要且有益的补充，这在人工智能时代强调敏捷和创新的企业里更是如此。

人才活力包括两个方面：学习与成长、奖罚与激励。学习与成长侧重个体层面的能力提升与人岗匹配，奖罚与激励则侧重"员工三性"，即主动性、积极性和创造性的激发。

- 学习与成长。培训与开发是站在企业视角的说法，把企业当成主体而视员工为被动参与，给人以居高临下的感觉。员工视角的"学习与成长"包括培训、员工职业发展、人才梯队与关键人才队伍建设、领导力开发等，侧重提升员工在岗位上履责行权所需的个人能力。

- 奖罚与激励。在上述所有主题中，奖罚与激励是最古老、演进最慢的领域。因为奖罚与激励基于人性，而人性虽非亘古不变但演进很慢。这既不代表它们不重要——赏罚在组织变革与组织发展中一直都处在中心地位，更不代表它们不需要研究——不同场景下激励的载体、要点与表现形式需要与时俱进。

综上，组织发展领域非常宏大，可谓包罗万象，以至于大家在谈组织发展时，虽然用的是同一个词，但所指的并不是同一个内容。不管是在理论研究还是在实际操作中，这都会带来很多麻烦。正因如此，所以才有学者说，"组织发展已死"。

但是，组织发展自诞生开始就试图用科学方法解决组织变革与成长中的问题。因为变革与成长是企业永恒的主题，乌卡时代更是如此，用科学方法解决实际问题并将其上升到科学层面，是自泰勒以来理论界和实践界都在孜孜以求的境界，所以从这个角度讲，"组织发展永生"。

"组织发展永生"意味着，每个象限都会因实践永不停歇、理论与时俱进。如前所述，本书对组织理论的拓展集中体现在两个方面，一是视结构视角的组织为员工和员工之间的联接，形象地说组织是张"互联网"，不过节点不是电脑而是人脑，联接人脑的不是网线而是权力、流程和利益；二是在人工智能时代，这张"互联网"在物理空间、人类社会和信息空间三个空间中都存在——在物理空间体现为联接、赋能和替代体力劳动的生产流水线，在信息空间体现为联接、赋能和替代脑力运营的无形流水线或数字化平台，在人类社会体现为因分工合作而形成的协作关系。如果我们把组织理解为深隐在员工背后，旨在整合和支配员工高效开展集体行动的结构，那么组织发展理论就要迭代更新了，这正是本章要讲的重点内容。

结构视角下的组织发展：量上增长和质上跃迁

组织发展既包括量上增长——主要体现在节点数量和连接丰富度两个方面，也包括质上跃迁——主要体现在模式升级与结构优化两个方面。严格讲，没有质上跃迁就没有组织发展。举个例子，某企业通过组织变革把三个事业部拆分成十个，这不叫组织发展，因为这个变革没有出现质上跃迁。进而言之，组织发展可分为阶段跃迁和局部优化。阶段跃迁与迈克尔·哈默所讲的企业再造相似；局部优化是通过流程优化、职位丰富化、权责合理化等提升组织整体的运营效率。

组织跃迁路径：从一维直线型到生态平台型

第一章基于责权维度对结构视角下的组织进行了如图 1-1 所示的分类。

图 1-1 描述了结构视角下的组织跃迁路径，揭示了组织发展的客观规律。为什么图 1-1 既是组织结构分类图，又是组织跃迁路径图？主要原因如下：

• 从权责两个维度探讨组织分类与组织的本质相符。如前所述，组织是承载分工合作的底层结构。职责分维探讨分工以提升效率，权力分类研究权力载体与表现形式，全局整合研究如何合异质的"众"（部门）为和而不同的"一"以创造价值。

- 两个维度中的刻度，每向前一步都意味着组织向上跃迁一层。权的维度上有命令、流程和数字，意味着人治→法制→法治→道治（无为而治）的跃迁。责的维度分为一维、二维和生态平台，意味着同一片责任田从只有一方看守到有多方看守，这个过程虽然增加了管理复杂度，但却能提升管理精细度、洞察精准度（对客户和责任田）和信息透明度，从而降低企业内部的内卷度和对英雄的依赖度。随着数据技术的发展，从一维直线型、二维矩阵型到生态平台型跃迁带来的管理复杂性会因数字技术发展而逐渐消解，但其带来的价值却能借助数字技术平台实现指数级放大。

- 从演进趋势上看，从金字塔式直线职能型组织到二维矩阵流程型组织再到智慧生态型组织，一脉演进。关于这一论断的实例，下文详细展开论述。

组织跃迁案例：看似纷繁不一，路径一脉相承

接下来以 IBM、华为和美的三家企业的组织发展史为例展开论证。

1. IBM 的百年发展史中的组织跃迁

笔者将 IBM 百年组织发展的跃迁路径总结为图 7-2，详细阐述可参考本书第十二章。

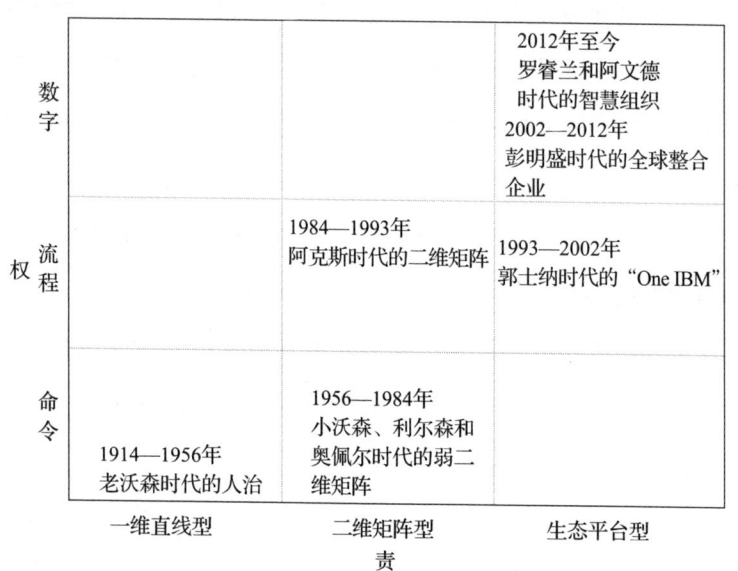

数字			2012年至今 罗睿兰和阿文德时代的智慧组织 2002—2012年 彭明盛时代的全球整合企业
流程		1984—1993年 阿克斯时代的二维矩阵	1993—2002年 郭士纳时代的"One IBM"
命令	1914—1956年 老沃森时代的人治	1956—1984年 小沃森、利尔森和奥佩尔时代的弱二维矩阵	
权责	一维直线型	二维矩阵型	生态平台型

图 7-2 IBM 百年发展的跃迁路径图

2. 华为的组织跃迁

探讨华为自 1987 年成立以来组织结构演进的文章，可参考《华为 30 年组织架构衍变概览》。

从组织发展视角，笔者将华为的组织跃迁路径总结为图 7-3。需要说明的是，华为自 2021 年起相继成立了很多

"军团",从组织演进上讲是华为在产品线和地区线的基础上,强化了原本就有但相对弱化的行业线或客户线。为什么要强化行业线?是因为在美国打压之下能容得下华为的"新地"已经不多了,须在"老地"上精细开垦才能活下去。

权	数字			2020年至今,产品区域客户三维矩阵,"平台+铁骑"的生态平台
	流程			2014—2020年,产品、区域和客户弱三维矩阵,客户一维偏弱;流程数字化支撑的生态平台,打赢"班长的战争"
			2003—2014年,以产品为主导的二维矩阵+端到端流程线上化运作	
	命令		1998—2003年,区域和产品二维矩阵制+弱流程型	
		1987—1998年,主题是活下去,直线职能制,从人治到法制		
		一维直线型	二维矩阵型	生态平台型
			责	

图 7-3 华为的组织跃迁路径图

3. 美的的组织跃迁

美的是中国制造企业的标杆。知乎上《标杆企业组织架构变迁探究 8——美的》一文将美的的组织发展演变分为四个阶段,介绍了每个阶段的组织架构。这篇文章对美的组织架构变化背后的逻辑着墨不多,本书补充的主要内容见图 7-4。

		2018年至今，从集团军到数智军 • 8个职能平台+10个公共支撑平台，5个事业群 • 全面数字化，全面智能化
数字		
权 流程	2011—2018年，从正规军到集团军 • 推行"一个美的"，强化总部平台赋能 • 推进流程数字化建设，端到端打通	
命令	1996—2011年，从游击队到正规军 • 事业部制研产销一体，独立经营 • 流程在集团层面不共享、没打通	
	1968—1996年，直线职能制，从人治到法制	
一维直线型	二维矩阵型 责	生态平台型

图7-4 美的发展史中的组织跃迁路径图

第一个阶段：1968—1996年。组织结构为典型的直线职能制，实行中央集权。美的成立可追溯到1968年，1980年进入家电行业，1993年上市。

第二个阶段：1996—2011年。主基调是事业部，走分权扩张的道路，主要策略是对事业部放权给钱，用简单粗暴有效的方式激发活力，大家共享发展成果。1996年，美的销售收入25亿元人民币，有五大产品品类、1 000多种产品，再靠少数几个强人很难应对竞争，也抓不住当时中国城市发展带来的千载难逢的家电市场。在彭剑锋带领的咨询团队协助下，何享健亲自操刀事业部改革，总部通过权、责、利、能、廉五个字抓事业部的核心班子建设,放手事业部独立发展,解决了当时困扰美的发展的三大问题——人的责任和动力问题、组织的机制和活力问题、产品和市场的专业化运作问题。这次改革完成了从游击队向正规军的升级。这次改革开启了美的发展史中气势如虹的15年,营收从1996年25亿元增长到2011年的1 341亿元,年复合增长率高达30%。

第三个阶段:2011—2018年。改革的背景有三:一是职业经理人方洪波全面执掌美的,以何享健为代表的第一代创始人淡出企业经营管理;二是中国家电市场野蛮增长时代及其带来的红利基本结束,行业呈寡头竞争,企业须在产品领先和成本领先上同时卓越才可以;三是经过长达15年的事业部运作,各事业部大而全、小而全,组织膨胀,执行力低,运营成本高,发挥不了"集中力量办大事"的集团整体优势。在这样的背景下,方洪波基于"产品领先、效率驱动、全球运营"的战略,在组织上操刀美的历史上的第二次重大变革,从分权事业部独立经营走向"既有事业部经营激情,也有总部管控赋能"的集团化运作,将四大集团、18个事业部变成9个事业部、8个职能部门、7个共享平台。另一个重要变革,是通过端到端打通以及随之而来的标准化、集约化、信息化和数字化提升运营效率。这两大举措旨在打造"一个美的",这次组织变革非常成功,完全可以写入大型组织变革的经典案例。这次变革助推美的完成了从正规军向集团军的跃迁,开启了美的随之而来的高质量增长。从 2011 年到 2018 年，营收从 1 341 亿元增长到 2 597 亿元，增长 94%，同期利润从 66 亿元增长到 201 亿元，增长 205%，人均劳效从 69 万元增长到 226 万元，增长 228%。

第四个阶段：2018 年至今。这段时间组织架构的主要变化是，总部分为 8 个职能平台和 10 个公共支撑平台，同时将 9 个事业部重组为 5 个事业群。另一个重要变化是，美的在流程数字化和业务智能化上取得极大进展，成为中国制造企业数字化转型的明星与标杆。美的数字化转型网上有介绍，本书不赘述。这次改革的背景，一是美的的业务组合发生了很大变化，除了传统 2C 的家电制造外，还有库卡机器人和美云智数等 2B 业务；二是在数字技术迅速发展并对传统行业颠覆加速的背景下，美的将"产品领先、效率驱动、全球运营"战略升级为"全面数字化、全面智能化"；三是 2012 年开启的平台整合积累了一些经验，也发现了不少问题，需借鉴外部先进经验重新定位和精细化总部职能。整体来说，美的 2019 年组织变革的底层逻辑与 2012 年相比变化不大，可以理解为 2012 年组织变革在人工智能时代下支撑新战略的继续推进。此次组织变革帮助美的从集团军向数智军成功转型，成效卓著。营收由 2018 年的 2 597 亿元增长到 2023 年的 3 437 亿元，增长 32%，利润从 201 亿元增长到 337 亿元，增长 68%，人均劳效从 226 万元下降到 197 万元，下降 13%。人均劳效降低的主要原因是 2B 业务占比加大，而 2B 业务的人均劳效本来就不及 2C 的家电制造，同时美的 2B 业务发展处在投入期，规模效应还未得到充分发挥。

IBM、华为和美的虽分处不同行业，但如上所述，三家企业的组织跃迁路径竟如出一辙。进而言之，笔者总结的组织跃迁模型，可适用于不同行业的不同企业，不仅能解释中国企业，还能解读国外企业；不仅对过去有解释力，而且能对组织演进路径、各发展阶段组织面临的问题以及突围之法等均有很强的预测力。这些说明组织发展有其超越文化背景和领导风格等的内在规律。

08

第八章

组织发展与熵减：组织数字化转型的终局

相较于业务数字化转型——用数字技术重新定义产品、服务与商业模式，组织数字化转型——用数字技术重新定义组织更加抽象，也更加复杂。原因有三：一是尽管大家生活在组织中，但对什么是组织没有形成共识。二是业务数字化虽投入大，但见效快且投入产出比（ROI）可量化，而组织数字化转型不仅投入大、见效慢且ROI很难衡量甚至无法衡量。三是业务数字化的标的物指向客户体验和承载体验的产品和技术，组织数字化指向组织自身及其载体（员工大脑），难操作和推进。组织数字化转型对很多企业而言可用苏轼《晁错论》开篇名句来形容，即"天下之患，最不可为者，名为治平无事，而其实有不测之忧"。链家创始人左晖有句名言，"做难而正确的事"，对大企业和有长远追求的企业家而言，组织数字化转型就是"难而正确的事"。

人工智能时代的组织发展终局

第一章指出，组织一阴一阳，阳面为组织的团队视角，阴面为组织的结构视角，阴面的结构特质决定阳面的团队行为。

基于上述理解，人工智能时代的组织发展终局亦可从阴阳两个视角进行探讨。从阳面团队视角看，在生产力高度发达的人工智能时代，团队视角的组织发展终局是"自由人的联合体"；这个联合体在企业的具体表现形态，就是生态型组织。从阴面结构视角看，第二章中组织能力"铁三角"模型中的透明组织、"一个集团"、智慧企业正是人工智能时代结构视角下的组织数字化转型之终局。

组织三大内生矛盾及其破解之道

随着企业规模的持续扩大，组织会面临三大内生矛盾。

1. 合众为一 VS 员工个性化

企业发展内生的第一个矛盾是，合众为一与员工个性化之间的矛盾，由此引发了山头主义和条块分割等问题。合众为一用白话讲就是"心往一处想，劲往一处使"。当企业只有四五十名员工时，老板能够基于人格魅力采取家长式领导来影响下属并解决问题。随着员工人数增多，差异化的个体和致力于"一个团队，一个梦想"的老板之间的内生矛盾由此产生。要把背景各异、追求不同、思想不统一的个体团结起来，让其变成整齐划一团队中的一分子并朝一个目标持续冲锋，难度当然高。

因为很难，所以伴随组织规模的扩大，很多企业会采取"分而治之"的方式，但分而治之及其配套的考核激励制度必然产生内部山头主义和条块分割等问题，大家都追求局部最优，只有老板或少数高管追求全局高效。这样做的最终结果，是伴随组织规模扩大而出现内耗增大，或者说，是企业将太多能量和资源用在内部折腾上，而没有将这些资源导向客户和战场。

2. 决策者是员工个体 VS 决策损益由企业承担

企业发展内生的第二个矛盾是，决策者是员工个体与决策损益由企业承担之间的矛盾，由此带来了运营低效与收敛压抑等问题。企业价值由一线创造，因此由面向客户和产品的一线做决策，理论上应该是效率最高。随着组织规模的扩大，该矛盾越发严重。一线做决策让组织获得了收益，当然可分得更多奖金，但如果决策者使企业受损很大，企业最多只能给决策者扣点奖金或调个岗位。举个例子，职业经理人想企业投资发展某项业务，如果业务成功，这位职业经理人就能"一战成名"；如果业务失败，则是企业给他交了高昂的学费，即便企业让他承担失败的后果，最多也就是辞退，而且辞退后会有竞争对手出更高薪资聘请他。因为企业为他付了学费，竞争对手可少踩一个大坑。

面对这个矛盾，企业通常的解决方案是决策权上收。由此带来的问题，表面看是"一收就死，一放就乱"，深层次看则是运营低效和收敛压抑。运营低效由层层汇报和审批带来，企业大量精力和大把时间在内卷中耗散。收敛压抑是指，在金字塔式运行的企业里将多数员工都困在一个看不见的笼子里。这样做的负面效果，一是组织群体智商降低——在学术上叫"系统性无能"，二是员工多数时间处在压抑状态，由此塑造大量双面人。

3. 组织复杂度呈指数级增长 VS 员工能力成长速度慢

企业发展内生的第三个矛盾是，组织复杂度呈指数级增长与员工能力成长速度慢之间的矛盾，由此导致老板或团队的天花板就是组织的天花板等问题。管理学上有一条定律，员工人数线性增长而管理复杂度指数级增长。员工能力成长速度很慢，拉长周期看只有极少数个体能做到能力年复合增长20%。如果员工能力10年提升6倍，那么他在人才市场上实际工资水平提升10倍甚至更多很正常，事实是员工工资"十年添个零"的比率并不多。为什么？因为个人能力的成长速度慢。

不考虑"在风口上猪也能飞起来"等特殊情况，常态是如果企业不能有效管理组织复杂度，企业只能靠拼资源扩张，与之伴随的必然是风险指数级增加和企业全要素生产率急剧下滑，以及由此导致的翻船、崩盘和马鞍形增长——围绕与管理组织复杂度水平相应的规模上下波动。

上述三大矛盾伴随企业成长而内生。如果不有效解决这三大矛盾，那么企业就会遇到天花板。即使遇到好年景借助大环境有了大发展，风停下来时依然还是停在原地。如何解决这三大矛盾？很多企业家下意识的反应是换人。小企业换人效果可谓立竿见影，对大企业来说换人就像兴奋剂，短期有效但长期不管用。解铃还须系铃人，既然上述矛盾及其衍生的问题是伴随组织规模成长而内生出来的，那么我们应刀口向内，从组织自身着手解决。

组织数字化转型的终局："一个集团"、透明组织、智慧企业

时代不同，解决上述三大内在矛盾的智慧亦不同，笔者将不同时代解决上述三大内生矛盾的智慧总结在表 8-1 中。以第三大内生矛盾为例，即组织复杂度呈指数级增长与员工能力成长速度慢之间的矛盾，工业 2.0 时代及更早之前是依靠人才、绩效激励和团队建设。工业 3.0 时代则在之前做法的基础上增加流程建设，将过往经验和最佳实践固化为流程，把能力建在流程上。工业 4.0 与数字化时代则上升到智慧企业，通过"吸星大法"将散布于员工头脑中的能力内化成组织能力，然后通

过数字平台在线赋能给员工，实现知识在线、人机同行和人与组织如 DNA 双螺旋结构般相互缠绕而演进。

表 8-1　三大内生矛盾解决方案演进路线

	农业时代与工业 1.0 和 2.0 时代 从人治到法制	工业 3.0 与信息化时代 从法制到法治 / 流程驱动	工业 4.0 与数字化时代 从法制到法治 / 数字驱动
矛盾：合众为一 vs 员工个性化 解法："一个集团"	• 王即天下：一个决策者，一台发动机，一张利润表 • 绩效激励：和大目标挂钩 • 文化建设：以老板为中心的家国文化	• 矩阵设置：含端到端的流程拉通与事上赋权、委员会和跨部门工作 • 绩效激励：业绩双计，阿米巴 • 文化建设：以客户为中心的 Net-working、协同和开放	• 前中后台的组织建设：敏捷前端，强大后台；资源共享，整合运营 • 激励激励：业财人一体 • 文化建设：与利害攸关者共生共荣的生态协同
矛盾：决策者是员工个体以决策损益由企业承担 解法：透明组织	• 权责清单 • 绩效激励：决策收益共担 • 文化建设：全员老板思维	• 权责清单 • 文化建设：流程管事、制度管人 • 可见：流程信息透明、决策算法透明、决策后果透明	• 权责清单 • 文化建设：班长的战争 • 可推荐与可预见/荐：决策在线与数字驱动
矛盾：组织复杂度呈指数级增长 vs 员工能力成长速度慢 解法：智慧企业	• 绩效激励：拉大差距和加速汰换以充分激活人才 • 组织建设：没有完美的个人，但可以有完美的团队	• 流程建设：将最佳实践和过往经验固化为流程，把能力建在流程上	• 智慧企业："吸星大法"与在线赋能，知识在线、人机同行和纠缠演进

本章重点研究组织，接下来重点介绍聚集组织建设。

1. "一个集团"

"一个集团"的提法，源自郭士纳在拯救 IBM 时提出的 "One IBM"（"一个集团"）战略，其核心意涵是，郭士纳执掌前，IBM 纵向上分很多事业部，横向上有很多地区，条块分割，山头盛行。虽然大家职责清晰，KPI 清楚，看起来纵横交叉单元都能自组织、自激励和自演进，然而实际运行效果很差，因为这种分割丧失了公司作为一个整体所固有的优势。郭士纳拯救 IBM 的一个前提假设就是市场上并不缺少把单个事业部独立运营的公司，市场缺少的是能把这些事业部整合在一起给客户提供端到端整体解决方案并完美落地的企业。基于上述假设，郭士纳在任期间强推"一个 IBM"战略并取得了巨大成功。之后包括西门子、宝洁等在内的很多企业竞相效仿，"一个集团"现在是西方大企业的主流组织模式。

"一个集团"解决了企业发展所内生的第一大矛盾，即合众为一与员工个性化之间的矛盾，以及由此引发的条块分割与山头盛行等问题。"一个集团"是指企业又集又团，大家"一个团队，一个梦想"。这样的好处是系统大于部分之和，既有分工（化整为零）以提升效率，又有协同（合众为一）以创造价值。

如何实现"一个集团"呢？

农业时代与工业 1.0 和 2.0 时代的做法是"王即天下"，权责分配和组织架构等取决于王。商鞅变法助力弱秦迅速崛起，

130多年后秦国横扫六国一统天下。这个在历史上组织变革最成功的案例，其逻辑就是"一个集团"。乔布斯重新执掌苹果后，废除事业部，按研产供销服职能管理。方洪波2012年执掌美的后开启的组织变革，均是此逻辑和做法。

工业3.0与信息化时代的做法，是用端到端的流程横向拉通，化一维指挥为矩阵协同。例如，西门子用面向客户的团队把不同产品部门横向拉通，华为2021年组建面向煤炭、智慧公路等五大行业"军团"。

工业4.0与数字化时代，企业把角色要求以及协同关系固化在数字平台上，形成一条无形流水线，这条流水线在管理脑力劳动者上所发挥的功能，和福特20世纪初面向体力劳动者打造的生产流水线非常相似。与之相对应的组织是生态型平台，在华为体现为"大平台支撑的一线'铁三角'精兵作战"，在IBM体现为"前端靠前，后端整合，全球一体"。

2. 透明组织

抛开激励和文化，从组织建设视角解决第二大矛盾，即决策者是员工个体与决策损益由企业承担及其衍生问题，人类过往智慧同样可分为三个阶段。

农业时代与工业1.0和2.0时代，更多是通过权责清单让大家明白自己的角色并按规则和秩序行事。

工业 3.0 与信息化时代是通过流程信息透明、决策算法透明、决策后果透明降低决策重心，即让一线"听得见炮声的人呼唤炮火"。背后逻辑是，大家都用同样的决策方法，面对同样的信息，所做的决策就会相同或相近。很多企业学华为的让一线"听得见炮声的人呼唤炮火"，不是在流程信息透明和决策算法透明、决策后果透明上下功夫，而是要求所有员工都有老板思维，都站在老板角度考虑问题，其结果当然走不出"一放就乱，一收就死"的怪圈。没有三个透明做后盾，仅靠思想工作注定是"过程轰轰烈烈，结果一地鸡毛"。

工业 4.0 与数字化时代则在透明即"可见"的基础上更上一层楼，做到"可荐"甚至是"可预见 / 荐"，即不只把方法告诉员工，同时平台（可理解为企业大脑）还能给出决策建议以供员工参考。

工业 2.0 时代以前，受技术手段影响，决策权被上收以规避风险，权责清单和审批流程的目的一方面是适当授权，另一方面是为了加速决策过程和明确决策规则，但这并没有从根本上解决矛盾。工业 3.0 与信息化和工业 4.0 与数字化时代的做法是，把决策下沉到最了解情况的员工，不同的是，工业 3.0 与信息化时代是通过三个透明和两个一致（文化价值观与利益分配）让一线决策者做出的决策与老板在现场做出的决策一致。工业 4.0 与数字化时代的做法对两个一致的要求不高，因为企业大脑给出建议，决策者虽然可行使自由裁量权，但事后须给出理由，这样做既能系统学习和修正算法，还能降低决策风险。

透明组织通过流程数字化解构"价值创造—价值评估—价值分配"过程，使之全程透明且因果链条清晰，在此基础上降低决策重心，使组织更快地响应市场和客户需求，更敏捷地实现自我迭代。这是人工智能时代对冲组织内生第二大矛盾的不二法门。

3. 智慧企业

抛开激励和培训，从组织视角解决第三大矛盾，即组织复杂度呈指数级增长与员工能力成长速度慢之间的矛盾，历史上人类的智慧可归结为分工、流程建设、智慧企业三类。

最古老的智慧是分工，即把一件复杂的事情分解成几个相对简单的事，让员工专注于一类工作进而做到极致。关于分工最有名的案例之一是亚当·斯密在《国富论》中所讲的大头针制作。华为的销售"铁三角"和研发条线分专业经理、项目经理和产品经理，也是这类智慧的延伸。这些例子充分体现了没有完美的个人，但是可以有完美的团队。

工业 3.0 与信息化时代的解决方案是流程建设，即将最佳实践和过往经验固化为流程，把能力建在组织上。流程从两个方面降低了对员工的依赖和要求：一是以客户为中心、以价值创造为目标的端到端协同解决分工带来的麻烦。二是将岗位要求和最佳实践内化于流程节点之中，从而让员工成长更快。这方面在中国最有名的案例应该是华为自 20 世纪末始一直持续到今天的 IPD 实践。

工业 4.0 与数字化时代解决这个矛盾的最佳实践不再是流程建设，而是智慧企业。如果把企业比喻成人，智慧企业就是练就了"吸星大法"的武林高手，能把对手内力吸过来为我所用，使自己功力陡然提升。智慧企业把员工大脑中的经验和智慧、外部的知识与最佳实践沉淀到平台，消化吸收后再零成本大范围反向赋能给员工，让员工站在巨人肩膀上看到之前看不到的世界，做成之前做不成的大事。智慧企业演进到极致就是"一即一切，一切即一"。员工在工作中看似一个人在战斗，但武装和支持员工工作的是看不见的整个组织的资源、能力与智慧；组织能力建设的最高境界是，企业拥有的所有能力都能应需而变地赋能给每一个员工，这就是"一切即一"。

我们用美团的案例解读智慧企业为何物。美团现在有近千万骑手，按传统的管理方式，美团每天早会的一个重要内容是通过摆事实讲道理激励骑手以客户为中心努力奋斗，而现实则是美团从收单、派单、跟踪、评价、结算全在线上由平台自动完成，既没有人给骑手讲大道理，也不需要做骑手的思想工作，然而近千万骑手却能够积极主动地奋发向上，这是智慧企业所产生的力量和创造的奇迹。

智慧企业将内外相关智慧沉淀到组织和平台，让组织像生命体一样理解、学习、推断和行动，并赋能员工、客户和伙伴，让大家以指数级速度成长，进而克服和对冲组织内生的第三大矛盾——组织复杂度呈指数级增长与员工能力成长速度慢之间的矛盾。

三大矛盾归结到一起所引致的现象，就是企业成长中的"中等规模陷阱"。笔者研究了30多家上市公司连续十年的年报，发现一条规律，即资产、营收、员工人数等反映企业规模的指标增速都比较快，人均劳动生产率、总资产收益率、净现金流量等反映企业质量类的指标则要么增长缓慢，要么像坐过山车甚至负增长。外部环境好的时候这些企业即使身处陷阱，依然还可以表面风光。但外部环境趋于恶化时，上市公司"灰犀牛"满地跑、"黑天鹅"满天飞。由此推测，企业发展到一定规模，如知识型员工为主体的企业的员工人数达到2 000人左右时，人均劳动生产率、总资产收益率等指标就会遇到天花板，很少有企业能够突破。原因是企业的组织能力承载不了老板的梦想。在这种情况下，绝大多数老板和管理团队还浑然不觉，认为问题是战略不对、执行不力，但归根结底是人不行，然后"对症下药"，在员工任免和绩效激励上大做文章，但是效果并不理想，企业在"中等规模陷阱"中苦苦挣扎。这时企业如果不下大气力破除制约自身发展的组织瓶颈，而是继续扩张规模，后果大概率是在狂奔与热血中走向平庸甚至末路。

解铃还须系铃人。企业解决上述三大矛盾并走出"中等规模陷阱"还须从组织着手。过往智慧今天依然有用且管用，但在人工智能时代，我们要与时俱进，用先进数字技术打造组织建设"三大法宝"，即"一个集团"、透明组织和智慧企业，而这是组织数字化转型的终局。未来各行各业的领军企业，从组织上讲都必须自备"三大法宝"以对冲三大矛盾，达到"一即一切，一切即一"的终极状态。

对冲上述三大矛盾，华为在组织上的三大解法是"拧麻花"、"让听得见炮声的人呼唤炮火"、打赢"班长的战争"。客观讲，华为上述实践在国内的确一骑绝尘、遥遥领先，然而如前所述，这些做法更多是工业 3.0 与信息化时代的智慧。

在 2017 年发表的《华为之熵 - 光明之矢》这篇影响很大的文章中，华为试图用熵解读组织活力，其核心逻辑参见图 8-1。华为探讨的问题虽然是怎样让组织充满活力，然而落脚点却聚焦在员工身上。基于文章逻辑，华为 2018 年颁布了《人力资源管理纲要 2.0》。华为的这两篇文章代表了当时中国企业组织和人力资源管理的最高水准。从理论上讲，华为提出了熵，也提出伴随组织发展组织会熵增，但并没有探讨熵增背后的根源。笔者认为，熵增的本质就是前文所说的三大内生矛盾。因为组织发展有三大内生矛盾，所以企业规模会越来越大，老板负担会越来越重，组织效率会越来越低。

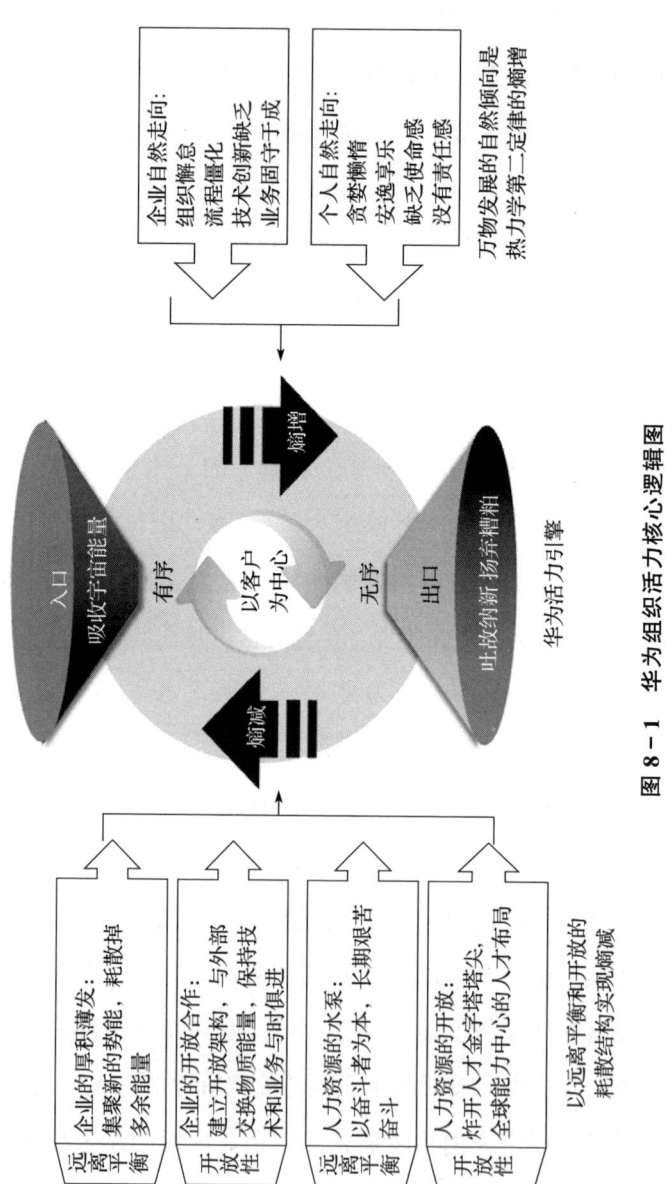

图 8-1 华为组织活力核心逻辑图

企业自然走向：
- 组织懈怠
- 流程僵化
- 技术创新缺乏
- 业务固守于成

个人自然走向：
- 贪婪懒惰
- 安逸享乐
- 缺乏使命感
- 没有责任感

万物发展的自然倾向是熵增
热力学第二定律的熵增

华为活力引擎

入口：吸收宇宙能量
有序 ← 以客户为中心 → 无序
出口：吐故纳新扬弃糟粕

熵增 / 熵减

远离平衡 企业的厚积薄发：集聚新的势能，耗散掉多余能量

开放性 企业的开放合作：建立开放架构，与外部交换物质能量，保持技术和业务与时俱进

远离平衡 人力资源的水泵：以奋斗者为本，长期艰苦奋斗

开放性 人力资源的开放：炸开人才金字塔尖，全球能力中心的人才布局

以远离平衡和开放的耗散结构实现熵减

如果承认熵增是组织层面的问题,承认组织虽和员工个体相关但却是独立于个体的客观存在,那么解决熵增问题就是让组织熵减。激发员工动力固然重要,但是组织层面的活力则更为关键。要让组织充满活力,必然得从三大矛盾着手。在人工智能时代解决上述三大矛盾,必然是"一个集团"、透明组织、智慧企业。

要特别说明的是,前面所讲的三大矛盾、"三大法宝"及组织数字化转型的终局,更多是针对大企业,其核心价值是帮助企业走出"中等规模陷阱",并让组织充满活力。对小企业而言,上述观点虽有借鉴意义,但实践中更多还是要靠英雄和团队驱动。

组织数字化转型的主线:组织结构、业务流程和数字技术

前面花了很大篇幅讲人工智能时代组织数字化转型的终局,即"一个集团"、透明组织和智慧企业,接下来探讨企业朝组织数字化转型终局的稳健进化之道。

借用华为"拧麻花"的经典表述,人工智能时代的组织数字化转型通过组织结构、业务流程和数字技术三条主线以"拧麻花"的方式迭代前行。

1. 组织结构

谈到组织结构，大家第一反应是组织架构和直线职能制、事业部制和项目制等，上述内容更多是组织的表象。本质上讲，组织是企业基于战略落地、流程执行和问题解决三大需求而对角色设置和权责匹配二者所做的制度性和结构性安排。更宏观一些讲，无非从两个角度探讨组织结构，即权和责。责可按同一片责任田有几方负责而分为三层：一维、二维和生态。权可按其类别与表现形式细分为三类：命令驱动（或职能驱动）、流程驱动和数字驱动。所谓命令驱动就是指员工听命于上级和制度（制度是上级意志的体系化和文字化表达），否则就要受到惩罚；流程驱动是指员工按企业总结出来的流程即最佳实践行事，旨在追求整体最优；这里讲的数字驱动不是 KPI 绩效考核与激励意义上的数字驱动，而是指用数字化平台上的"算法+数据"所得出来的规律或真知驱动和指挥员工行事，真理即权力。

命令驱动对应的管理理论是以泰勒、法约尔和韦伯等为代表的古典管理理论。流程驱动与以哈默、达文波特等为代表人物的企业再造与流程管理理论对应。数字驱动则与 IBM 提出的智慧企业及与之匹配的沃森定律对应。沃森定律的内容是：终极竞争优势是你的学习速度可以超越其他所有人，指数级的学习能力能赋予你这样的终极竞争优势。可惜 IBM 没有很好地探讨沃森定律的实质内涵并展开传播。

本质上讲，组织发展是组织沿着权责两个维度向上跃迁。责的维度是从一维直线到二维矩阵再到生态平台；权的维度是从人治、法制到流程驱动再到数字驱动。因权责两个维度密切相关，且权力通常内隐和深藏于组织内部，为了表述方便，接下来讨论组织发展在责这个维度上的展开。前文已详细介绍了IBM、华为等企业的组织发展历程，可以形象地说明和解释组织机构在责这个维度上的跃迁路径。

此外，笔者曾研究过全球装备制造企业的组织演进史，其中代表性的企业有中国重汽、潍柴集团、三一重工、康明斯和卡特彼勒等，这些企业的组织结构同样可以看作从一维到二维再到生态。这充分证明，上述组织演进逻辑框架不只对一个企业适用，对行业照样管用。

针对组织内生的三大矛盾，农业时代、工业时代、信息化时代和人工智能时代各有其高效解。但如果我们抱残守缺，咬定传统打法不放松，必然如用坦克时代的思维打航母时代的战争一样，毫无胜算。

2. 业务流程

流程表现为规范和标准，但本质是完成任务的最佳实践，是过往经验的沉淀和总结。企业所有价值均由流程创造，企业所有成本均由流程消耗。流程数字化的本质是，先总结提炼适合企业的最佳实践，然后借助IT固化流程、沉淀算法、激活数据，进而实现全程可见、全程学习、全程可荐。

这样讲流程可能比较抽象和枯燥，下面用两个案例解释。一个是星巴克的营销数字化转型，看星巴克如何在数字技术加持下无限走近C端；另一个是IBM的组织绩效管理，看数字技术如何帮助决策者"看见看不见、知道不知道、做到做不到"。

星巴克原总裁舒尔茨曾经将他经营成功的经验总结成一本书，书名叫《将心注入》。书中所讲内容皆是基于舒尔茨在工业时代的经验和感悟，那么在人工智能时代，企业又怎样让员工"将心注入"呢？

例如，在客户画像和客户特征描述的基础上，某客户早上和朋友一起跑步时，收到了星巴克发来的邮件——"您距离我们只有一公里，所以我们附赠您和您的朋友两张优惠券"，这叫作精准触达。没有先进数字技术的支持，员工再用心、再敬业也无法做到这样的精准触达。客户收到邮件后，随手通过线上系统点了一杯拿铁。系统经过计算发现他还有4分钟就能到达门店。于是，门店不但准时为客户准备好咖啡，还使客户免去排队的烦恼。同时客户发现，咖啡的温度、甜度都刚刚好，为什么呢？因为这位客户在其他门店消费时，他饮用咖啡的习惯已被记录下来。这个体验之于客户当然是动心一刻。这样的客户体验，企业即使请业内顶尖店长或者对员工进行全方位立体式培训，其效果也很难和数字化重塑后的客户体验相比，更不要说企业费尽心力培养的人才还可能因为企业并未察觉的微不足道的利益而离职。

星巴克的营销数字化转型很复杂吗？数字化转型并不要求企业对数字技术进行创新，这些技术对企业而言奉行拿来主义就行。企业要做的是把自己的业务场景放到数字技术创造的时空中重构解决方案、产品和服务。如果还用过去的方法，招聘最优秀的店长、最优秀的人力资源、最优秀的培训师，还完全依赖员工"将心注入"，只能说，路漫漫其修远兮！

再来看 IBM 的组织绩效管理数字化转型的案例（见图 8-2）。

可见	可荐	可预见/荐
看见看不见	知道不知道	做到做不到
提高战略落地的透明度，及时揭示战略执行的偏差	根据数据分析的结果做出比较，提出建议，推荐下一步行动	根据历史销售合同等数据，分析发展趋势，预测未来场景，推荐应对方案

图 8-2　IBM 的组织绩效管理数字化转型

第一是可见。主要做法是提高战略落地的透明度，及时提示战略执行的偏差。IBM 六大行业线和十多条产品线分布在全球 170 多个国家和地区，三维交叉的上万个节点即业务单元的实时业绩以树状方式呈现在总裁办公室大屏幕上。业绩好于预算或偏差在允许范围内，节点显示为绿灯。当偏差超出可接受范围但还没有触及底线,显示为黄灯。击穿了预设业绩底线则显示为红灯。

第二是可荐。可荐就是基于数据分析的结果做出比较,提出建议,推荐下一步行动。假如 IBM 德国公司某项业务严重下滑,系统在给 IBM 德国公司总经理业绩亮红灯时,会同步给出业绩问题的解决方案。解决方案是怎么来的?这个问题在 IBM 德国公司是第一次发生吗?如果不是,过去出现类似问题时前任总经理的解决方案是什么?这个问题在欧美其他国家发生过吗?如果曾经有过类似问题,他们当时的解决方案是什么?这就是可推荐——推荐过往的经验智慧。系统并不要求 IBM 德国公司总经理照单全收,但至少可以让他站在前人肩膀上前行得更远和更稳。

第三是可预见/荐。服务型企业和生产制造型企业都有一个困扰,那就是产销平衡。产销平衡做得好的企业和做得不好的企业,两者的利润相差 5 个百分点很正常。IBM 根据历史销售合同、现有商机数据库和外部宏观经济环境等数据能预测半年后的销售业绩。基于销售预测系统能反推将来某个时刻某类技能员工是过剩还是短缺,如果短缺,系统则给人力资源部门发出提前招聘建议;如果过剩,则给人力资源部门提出预警。这就是可预见/荐。

国内很多企业做组织绩效管理时,精力聚焦在指标博弈和分钱激励上,期待通过绩效考核和薪酬激励解决战略落地的难题,这当然很难。战略管理中除了"战略—预算—绩效"闭环外,还有"战略—流程—组织"闭环。前一个闭环解决动力问题,后一个闭环解决能力问题。在"方向要大致正确"的前提下,两大闭环运营高效企业就会使"组织必须充满活力",战略目标达成才有保障。星巴克数字化营销和IBM的组织绩效管理很好地阐释了三个事情:一是人工智能时代如何将能力建构在组织上,让企业的成功不依赖英雄。二是人工智能时代"人机同行"会给客户带来怎样的体验和给企业带来怎样的运营效率,如果说用数字技术重新定义产品、服务和商业模式会让企业在市场上降维打击竞争对手,那么用数字技术重新定义流程和工作,企业的敏捷响应和运营效率将会令竞争对手望尘莫及。三是流程数字化逻辑不神秘、技术不复杂,其要点是在数字技术创造的新时空中,重塑打破常规做事方式的想象力、站在未来投资当下的决断力、敢于尝鲜试错和敏捷迭代的创新力。

需要特别注意的是,流程数字化的标准有两类,需区别对待。一类着眼于把以客户为中心的端到端流程映射的生产关系固化,另一类是把流程关键节点上的经验技能即生产力算法化。前者通常走软件包驱动的流程信息化如CRM和PLM等,后者通常要企业自主开发。当然这里也有一个很大的机会,就是如果行业规模很大,参与企业众多,头部企业把生产力类的经验技能云化为行业性的赋能平台,并开放给其他竞争对手,这就形成了产业互联网。这个机会的产生有三个原因：一是并不是所有企业都有这样的眼光、实力和魄力去投资生产力算法云化类的平台建设；二是云化平台建设成本极高而边际成本极低；三是云化平台建设者在赋能中获取海量数据并在此基础上开启生态建设，进而从中获取收益。

3. 数字技术

对绝大多数企业而言，数字化转型并不需要做原创性的数字技术创新，奉行拿来主义就好，但这不是说数字技术不复杂。企业有那么多流程且每条流程上有那么多数据和算法，用日新月异的数字技术在信息空间构建其孪生企业，涉及业务架构、应用架构、数据架构和底层基础设施，而且还需要考虑安全问题，这些都不仅有难度甚至极其复杂，所以一个优秀的 IT 团队对企业战略的重要性不亚于研发。这中间的逻辑，借助数字平台是企业人工智能时代生产关系和生产力的重要载体这一事实更易明白。

组织数字化转型的过程：三条主线"拧麻花"

前面阐述了组织数字化转型的三条主线，每个方面都不简单,但更麻烦的是,上述三条主线在组织数字化转型过程中相互缠绕。

第一,业务流程和组织结构通过"角色"缠绕。十多年前某电信运营商网络口流程优化一共梳理出1 000多个角色,虽然各省公司和地市公司网络口部门与岗位设置各异,但这并不影响公司一盘棋地把优化后的流程用系统固化并在全公司统一部署,原因是各省公司和地市公司都可以根据自身实际情况把角色映射到岗位上,于是稳态角色(流程是基于理性的最佳实践,因而有较强的稳定性)和动态架构之间的矛盾就此消解。

第二,业务流程和数字技术通过"数据"缠绕。流程优化最佳实践站在协同视角,端到端研究数据如何通过表单在不同节点采集,更多是基于当前问题的改良优化,属流程驱动思维。企业数字化转型很重要的变化是从流程驱动进化到数字驱动。

如表8-2所示,P1到P5衡量数据齐备度。如站在流程视角梳理人力资源管理流程,数据很可能在P1范畴之内。站在数据驱动视角,如能采集到员工画像和冰山模型相关的数据,并想清楚这些数据的应用场景及算法要求,那么接下来就要专注的两个重要产出,一是反向优化流程,二是算法固化到平台并反向赋能场景下的相关角色。

表8-2 业务数据齐备度测量量表

	P1	P2	P3	P4	P5
产品	基本没有或者很零散	产品档案，BOM信息	产品档案，360度视图	IoT/物联网，产品全生命周期孪生	IoT/产业互联网，产品周边全时孪生
知识	基本没有或者很零散	文档知识，工作留档	知识图谱，操作手册	知识网络，员工社区	暗默知识，场景赋能
用户	基本没有或者很零散	用户档案	用户画像，360度视图	使用习惯，行为偏好	扩展生态，交叉销售
员工	基本没有或者很零散	简历数据，绩效数据	员工画像，冰山模型	个人行为数据，个体孪生	与团队的互动数据，团队孪生

第三，组织结构和数字技术通过"算法"缠绕。如前所述，流程更多侧重全局协同，属生产关系范畴。角色技能与诀窍则侧重职责完成和价值创造，属生产力范畴。数字化转型，不仅要把流程固化为无形流水线，就像福特汽车的有形生产流水线一样，同时也要把角色技能和诀窍算法化，并且固化为可实时赋能员工的机器人，就像有形流水线上的机器设备一样，比如零售行业中的自动补货和自动调价机制，以及IBM离职风险预判等。

第四，角色、数据、算法三者相互缠绕。角色和技能算法化并固化为机器人，机器人自动分析处理在流程推进和角色履职中伴生出来的数据，得出洞见并实时反向赋能给角色。上述缠绕整合在一起就是智能工作流。多个相互关联的智能工作流一起形成平台（见图8-3）。这些沉淀了人类智慧的平台以7×24小时不间断的工作方式，协同和赋能员工，实现组织熵减。

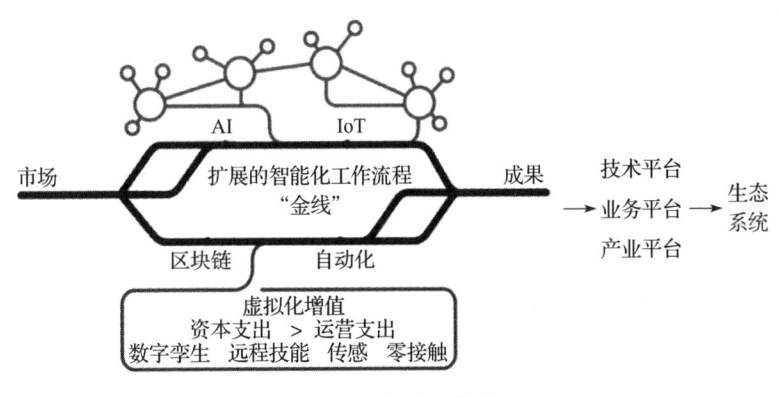

图 8-3 智能工作流

组织数字化转型的案例：华为

中国企业数字化转型的案例，影响力比较大的有华为、美的等。本书基于公开资料，解读华为从 1998 年到 2016 年的数字化转型，准确地说是信息化转型。

1998 年前华为面临的问题如图 8-4 所示。任正非在 1994 年到 1997 年的讲话中多次谈到同一个问题，即如何打造"大兵团作战"的协同体系，把具有"小农经济"思想的"泥腿子"知识分子团结起来，像士兵一样攻城拔寨。1998 年以前华为在这个问题上探索的成果集中体现在《华为基本法》中。《华为基本法》问世已有 20 多年，但它仍未过时，其中很多内容今天依然字字珠玑。

186 / 企业成长的逻辑

- 财务管控改进迫在眉睫,以辅助高效企业管控和经营决策分析

营销
- 新产品的利润率较低
- 较长的新产品开发周期
- 投资决策不充分
- 较差的财务和成本管理

产品研发
- 缺乏制度化的产品发布流程,影响质量
- 不清晰的市场区分策略
- 市场信息不完整
- 有些产品组渠道混乱

销售 / 生产制造
- 销售预测不准确
- 物料编码问题多
- 产品线中通用件少
- 制造资源计划问题

物流
- 数据管理问题
- 不断变更使得生产分项流程无法优化
- 车间控制较弱
- 库存周转率低

财务管理 / 人力资源 / 技术开发

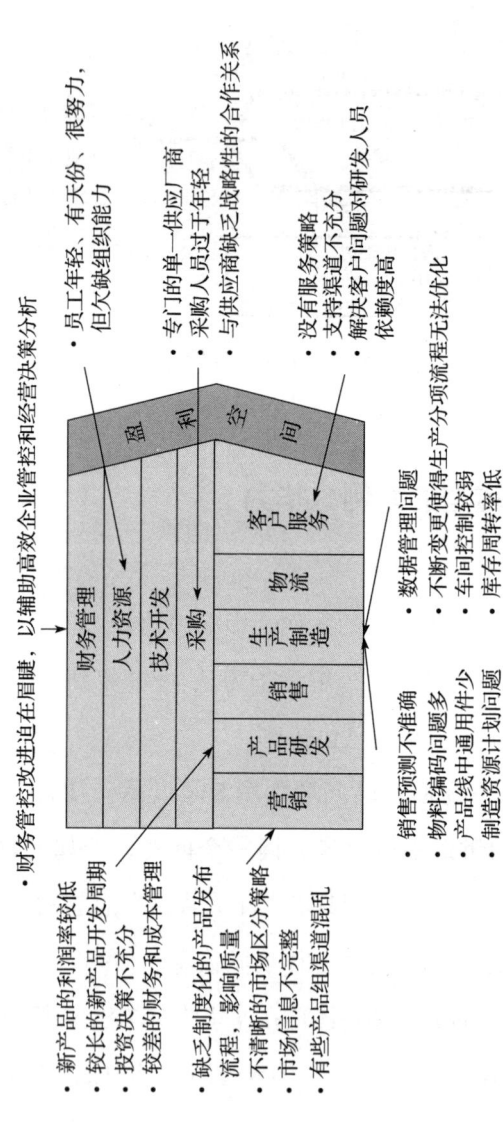

采购
- 专门的单一供应厂商
- 采购人员过于年轻
- 与供应商缺乏战略性的合作关系

人力资源
- 员工年轻,有天分,很努力,但欠缺组织能力

客户服务
- 没有服务策略
- 支持渠道不充分
- 解决客户问题对研发人员依赖度高

盈 利 空 间

图 8-4 1998 年前华为面临的问题

《华为基本法》能解决华为在研发上的困惑吗？短期内这些做法也有作用，但并不能从根本上解决任正非多次提到的问题。1998年起华为开始学习IBM，任正非向西方学习管理的内容可归结为三类：一是在管人上强调员工职业化，其成果集中体现在任职资格体系上；二是在组织上"拧麻花"来实现一体化，其历程和成果集中体现在黄卫伟教授所写的《优秀的管理者，都是"拧麻花"的高手》这篇文章中；三是在治事上强推流程能力建设，其历程与成果集中体现在图8-5中。

本书之所以花很大篇幅讲组织能力"铁三角"，有两个原因：一是如果大家对什么是组织、组织能力及组织数字化转型缺乏正确认知，那么在实践中就会迷失方向，也很难在遇到困难和挫折时笃定坚持；二是现在组织数字化转型的研究更多停留在个案解读上，没有上升到方法和理论层面。

组织数字化转型的过程是从组织结构、业务流程和数字技术三条主线切入，在角色、算法和数据缠绕升维中熵减的过程。

组织数字化转型的终局，是由解决组织内生三大矛盾的"三大法宝"，即"一个集团"、透明组织和智慧企业构筑的"铁三角"。形象地说，转型成功的企业好比练成了绝世武功"吸星大法"的武林高手，其和员工及团队的关系可以用"一即一切，一切即一"来描述。

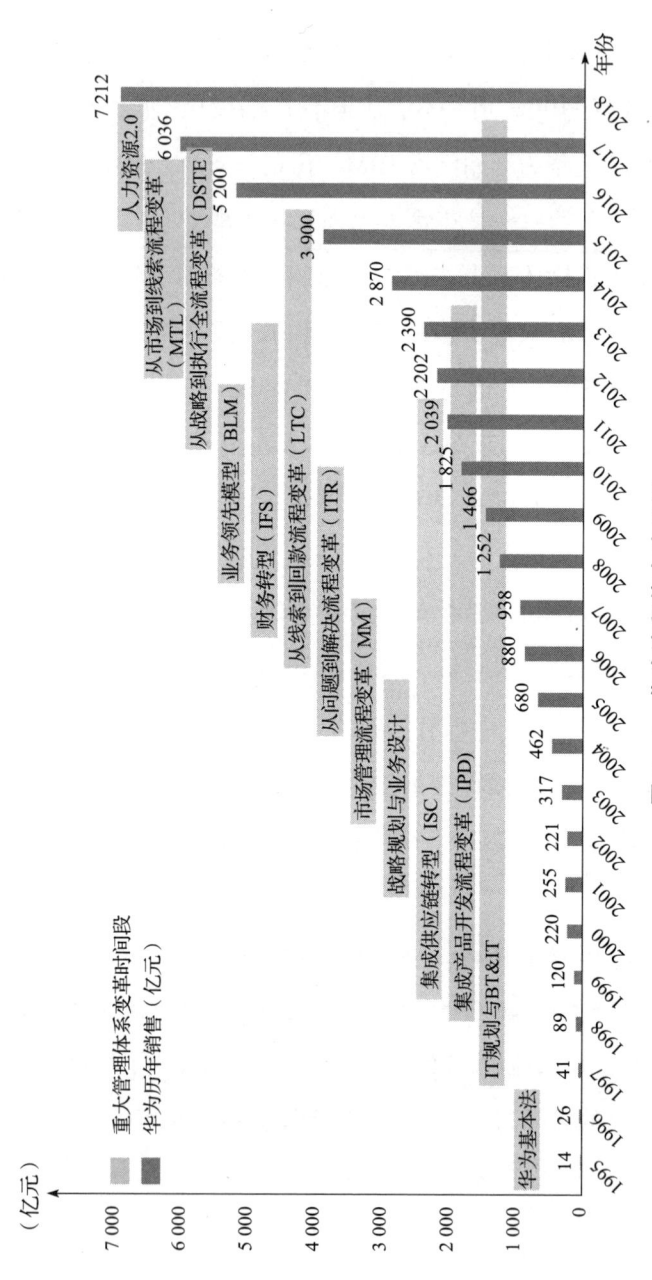

图 8-5　华为流程能力建设图

第九章

企业成功方程式

前面章节多在哲学层面建构人工智能时代的组织理论，接下来探讨组织理论的应用。在组织理论的所有应用中，最重要的莫过于从组织层面探讨企业成败表象背后的根因。

探讨企业成功根因的前人智慧：各有千秋

探讨企业兴衰背后原因的学问是围绕"企业怎样才能短期绩效优秀、长期基业长青"这一根本问题展开的。战略管理、营销管理、生产管理、运营管理、财务管理、人力资源管理、组织管理等是探讨这个问题的"分科之学"，而直接回答这个问题的学问多归入高绩效组织（high performance organization）一类。研究高绩效组织的文献可谓汗牛充栋，这里挑四个在实践中比较有影响力的模型做简单介绍。

1. 平衡计分卡模型

《哈佛商业评论》把平衡计分卡列为"75年以来最伟大的管理工具"，并将其和波特的"五力分析模型"、哈默与钱皮的

"业务流程再造"、普拉哈拉德和哈默尔的"核心能力"等一起，位列"八十年来十大管理理念之一"。

平衡计分卡最早是财务视角下的战略绩效指标提取工具，后逐步演进为战略管理与执行落地（战略地图）、战略中心型组织与组织协同工具，其核心意旨是从财务、客户、内部运营和学习成长四个方面，由浅入深探讨企业绩效是什么以及企业何以持续优秀。

作为战略绩效指标提取和战略落地承接工具，平衡计分卡非常优秀。笔者后来试图将平衡计分卡拓展到战略制定甚至是组织建设中，但效果一般。平衡计分卡本质上就是一个财务视角下的组织绩效指标提取以及业财一体视角下的组织绩效改进工具，与业务战略关联较少，故由此推导出来的战略地图，不但在相同行业的企业大同小异，甚至身处不同行业的企业也有七分类似。当一个管理工具在不同企业甚至是不同行业里的企业导出的战略地图大同小异时，在一定程度上讲这个工具就已经沦为套路逻辑。

2. 麦肯锡 7S 模型

麦肯锡在咨询圈的地位，加上《追求卓越》这本著作的影响力，让 7S 模型几乎成了组织发展和高绩效组织研究领域绕不过去的存在。麦肯锡 7S 模型参见图 9-1，其核心内容如下：

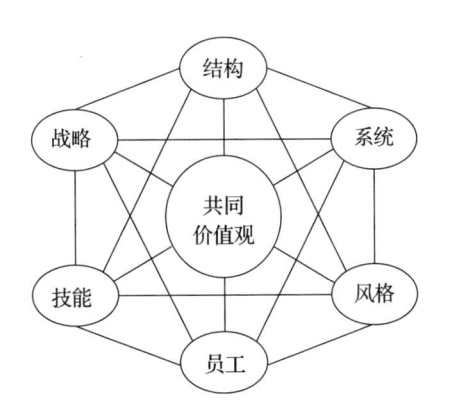

图 9-1　麦肯锡 7S 模型

（1）战略：企业根据内外环境及可获资源等情况，为求得企业生存和长期稳定发展，对企业发展目标、达到目标的途径和手段的总体谋划。

（2）结构：组织结构是将企业目标和任务分解到职位，再把职位综合到部门，由部门组成垂直的权力系统和水平分工协作系统的有机整体。

（3）系统：从事工作的流程、制度和 IT 系统。

（4）员工：战略落地所需的员工队伍，包括数量、质量、结构和动力等。

（5）技能：战略执行需要员工掌握某些技能，这有赖于严格、系统的培训。

（6）风格：既包括管理者在实现组织目标方面的行为方式和管理方式，也包括整个组织的文化风格。

（7）共同价值：指导员工行为和公司行动的规范和标准，虽然无形但使所有人能联系在一起。

这个模型是20世纪80年代初提出的，今天仍有指导意义，但是存在的问题也很明显：一是把技能和员工分开；二是模型问世时流程和IT在学术界尚处于襁褓之中，其后虽有人把流程和IT纳入系统，却很难和其他要素有机融合；三是模型中的七个要素很难满足麦肯锡的招牌方法论"MECE"（完全穷尽，相互独立）之要求；四是先有7S模型后有《追求卓越》，用43个标杆企业的实证研究证明7S模型有效，这在逻辑上并不严谨。逻辑上的不自洽和实证上的不严谨，导致7S模型虽名气大，但实践中应用不多。

3. 业务领先模型

业务领先模型（business leadership model）由IBM和哈佛大学商学院联合研发，1999年起在IBM内部广泛应用，且不断迭代，是IBM最重要的战略管理工具。由于其初心旨在填补战略管理领域"重制定、轻执行"所导致的战略制定和战略执行之间的鸿沟，加之其在IBM和华为等企业实践效果很好，故在业界的知名度和影响力非常大。

业务领先模型的基本框架参见图9-2，更详细的解读网上颇多，此处不赘述。

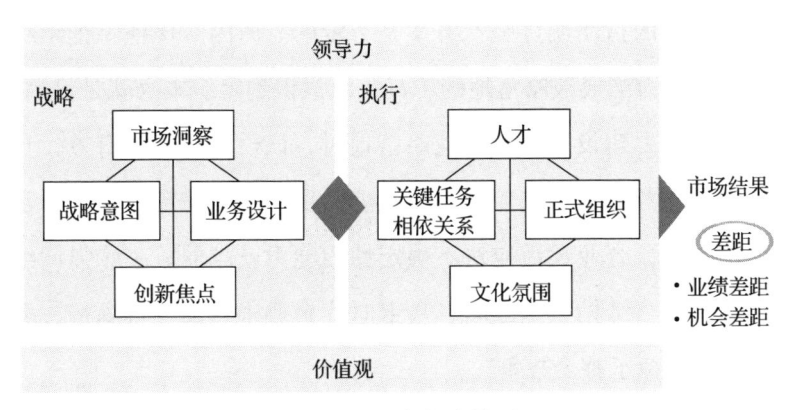

图 9-2 业务领先模型

业务领先模型探讨的首要问题是若要业务持续领先，企业须在哪些方面下足功夫。有人把业务领先模型当成企业的战略制定与落地执行工具，这在一定程度上是误解。

业务领先模型认为，企业经营业绩由战略、执行、领导力和价值观等要素共同决定。其中，战略找机会，执行抓机会，领导力是驱动战略制定与落地执行最为重要的因素，价值观构建底层共识——各级业务领导须在企业共同价值观的约束和指引下找机会和抓机会，不得各行其是。

业务领先模型通过三个机制解决战略制定与战略执行间的脱节问题：一是围绕业务设计落地所需的关键任务与生态环境，持续打造组织能力，二是用领导力和价值观横向拉通，三是基于市场结果的绩效运营与快速迭代。

IBM与华为等企业的实践证明，业务领先模型在业务战略的制定与执行上行之有效。这个模型能否作为企业追求卓越与基业长青的指路明灯呢？答案是否定的。原因是该模型把组织和组织能力当成战略落地的工具，没意识到组织本身就是目的。当组织能力建设指向业务战略落地时，该模型短期虽有效，长期则因业务战略迭代较快而组织能力更替静水潜流，使两者互锁越深入，企业灵活应对不确定性的能力就越弱。一味强调组织是工具、结构服从战略，乌卡时代企业很可能"打赢每一场战役却输掉了整个战争"。

基于上述问题的深刻洞察，任正非提出的"方向要大致正确，组织必须充满活力"的确高屋建瓴，很有哲学高度。

4. 韦斯伯德的六盒模型

马文·韦斯伯德于1976年提出六盒模型（见图9-3），但在美国影响不大、知名度也不高。40年后六盒模型引入中国，在组织发展领域获得广泛关注和应用。这个工具非常简单，易于上手，即使对业务一点都不熟悉的专家，使用这个工具诊断企业后都能说出不少看起来很专业的结论。从2010年阿里巴巴引入六个盒子到2013年在阿里巴巴全面推广，这个工具在阿里巴巴得到了广泛和持久的应用而且效果不错。

关于韦斯伯德的六盒模型，因为网上相关资料非常多，本书同样不赘述。

六盒模型的主要问题是，如果将其用于高绩效组织诊断，

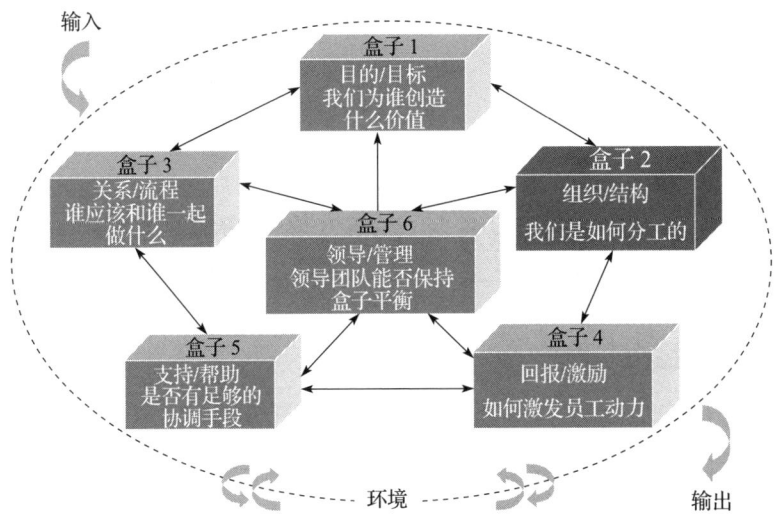

图 9-3 韦斯伯德的六盒模型

那么这个工具最大问题是没有关注组织方向是否正确、战略是否清晰,当然也不关注客户和竞争对手;如果将其用于组织诊断,那么这个工具最大的问题是使用者无法清楚界定组织是什么。

5. 总结

上述模型从不同角度探讨同一个问题,即企业商业成功与基业长青的关键成功要素是什么。这些模型时至今日依然在使用,说明它们现在依然优秀而且管用,但是上述模型很难回答人工智能时代企业何以实现基业长青与短期绩效优秀这一根本问题,看似年代过于久远和逻辑经不起严格推敲,实质则是模型提出者对组织缺乏正确认知。

业绩 =(方向 × 能力 × 动力)^{企业家精神}

1. 缘由与概览

稻盛和夫认为,人生和工作的结果 = 思维方式 × 热情 × 能力。受此启发,在观察和研究大量企业案例的基础上,笔者总结出图 9-4 所示的企业成功方程式:业绩 =(方向 × 能力 × 动力)^{企业家精神}。

业绩	=	(方向	×	能力	×	动力)^{企业家精神}
短期财务业绩		企业战略		财务资本		"员工三性"
长期基业长青		企业文化		品牌资本		组织动力
				人力资本		
				组织能力		

图 9-4 企业成功方程式

在企业成功方程式中,方向重点考察企业是否在正确的赛道上做正确的事,包括企业战略和企业文化两大要素;能力则侧重考察企业是否拥有足够的资源执行战略和落地文化,包括财务资本、品牌资本、人力资本和组织能力四大要素;动力是指员工是否有足够强的动机和足够大的动能朝企业战略指引的方向坚定前行，可沿"员工三性"（积极性、主动性和创造性）和组织动力两条主线考察。

需说明的是，企业成功方程式中的组织是结构视角下的组织。

2. 方向：战略与文化匹配度

稻盛和夫提出的方程式中，思维方式排在第一，而且和热情与能力的取值从 0 到 100 不同，思维方式取值范围是从 −100 到 100，思维方式如果不对，那么人生和工作非但达不到预期，还会走向反面。企业成功方程式中方向的重要性，亦复如是。

在企业中，"方向要大致正确"的载体有两个：一是企业战略；二是企业文化。于读者而言，战略好理解，文化很让人费解。为什么企业成功方程式的方向中会有文化？有三个原因：一是企业文化中的使命、愿景和核心价值观界定了企业未来十年甚至更长时间的追求，这当然是方向。二是由"三观一论"建构的底层操作系统在很大程度上决定了企业对内外信号的解读与响应方式，换句话说，"三观一论"会引导企业精力和能量的流向。这句话不好理解，举例说明。华为在成立之初就定下了"通信行业三分天下，华为有其一"的目标，这个目标用今天的话讲是当时华为的愿景。因为有这样的愿景，所以华为高层所关注的竞争对手除当时巨龙、大唐、中兴等之外，还有诺基亚、爱立信等在当时看起来遥遥领先的巨头，除了这些企业之外，华为还会向IBM、微软等标杆企业学习，并投入巨资聘请IBM做咨询，打造了中国乃至全球企业向上进阶之奇迹，而这些都是愿景引领下的行动。三是"三观一论"不仅影响企业的"方向"选择，而且是企业"动力"和"能力"构建的出发点和归宿，企业端到端流程建设除了以客户为中心和为客户创造价值外，很重要的一条是要推动文化理念特别是核心价值观落地。如果文化不能固化在流程中，那么文化和生产经营管理就是两张皮。

战略的难点不在"方向要大致正确"，而在"节奏基本踩准"。方向要大致正确，关键不在数据占有与分析，而是以企业家为核心的高管团队对业务的敏感度与前瞻洞察力。节奏基本踩准，难点在于知己知彼知势，这三者中最难的是知势。势是什么？势是万事万物在时间维度中的倒序式展开。知势要求以企业家为核心的高管团队具有"站在未来看未来"和"站在未来看当下"两项能力，就是要有很强的第六感。

综上所述，方向域考察的是战略和文化，文化界定的是企业是一群怎样的人和要干一件什么样的事，当然这里的时间跨度至少是十年以上；战略界定企业在未来三到五年的"目标+举措"，回答企业"去哪竞争""和谁竞争""怎样竞争"三大问题。如果把企业比喻成人，那么方向域中文化界定"我是谁"，战略界定"我要做什么"，能力域和动力域要做的就是打造由这样的人所组成的团队并搭建平台、提供资源去帮助和赋能这群人做成这件事。

近年来流行的一句话,"不要用战术上的勤奋掩盖战略上的懒惰",充分彰显了战略的重要性。对战略的内涵,不同学者解读不一,但是对战略的外延,即战略的表现形式是"目标 + 举措",大家基本上有共识。战略不但要指出企业未来发展的方向和目标,还要就朝既定方向以实现战略目标的路径、打法及所需资源等做好谋划。在企业成功方程式中,我们重点关注战略靠谱度、清晰度和共识度。战略靠谱度重点考察战略能否准确识别并抓住与自己追求和能力相匹配的发展机会;战略清晰度重点考察战略方向、目标、打法、路径、所需资源、关键举措和行动计划是否清晰且易于理解;战略共识度重点考察以企业家为核心的高管团队对战略目标及实现目标的路径与关键举措等是否有发自内心的真共识。

企业成功方程式所关注的文化,除文化本身是什么,还需考察以下三个内容:

- 战略和文化的匹配度。德鲁克说,"文化能把战略当早餐吃"。这句话有两层意思,一是文化很重要,二是战略须和文化匹配。为什么战略须和文化匹配?文化表现为"我们这里的做事方式",本质是由"三观一论",即世界观、价值观、人生观和方法论耦合而成且为群体共有的底层操作系统,这两个综合到一起,就等于说文化是团队视角下的组织最重要且最稳定的特质。进而言之,"战略须和文化匹配"约等于"战略须和团队匹配",而"战略须和团队匹配"是不证自明的公理。

- 流程对文化的支撑度。文化是理，侧重化人；流程是法，侧重治事；绩效是果，由人、事、物、境等要素共同造就。华为"以客户为中心"的核心价值观能落地到 20 万华为人身上，靠的不是宣传，而是 IPD、LTC 和 ITR 三大主业务流程。

- 人才管理和文化的契合度。荣格说，文化的结果就是人格。把这句话放到企业，企业文化的结果就是影响和支配员工特别是核心员工工作行为的底层操作系统，这个"结果"当然不会从天下掉下来，而是需要企业在人才的"选用育留汰"等各个环节坚决贯彻文化的要求，吸引、激励和保留具有"文化人格"的员工。如果人力资源管理实践和文化是两张皮，即文化所要界定的人不能通过"选用育留汰"来打造，那么文化大体上就会成为挂在墙上的口号。

3. 能力：财务资本、品牌资本、人力资本、组织能力

企业成功方程式中的"能力"所对应的英文是 capability，和核心能力对应的英文 core competence（也译核心竞争力）不同。企业能力由以下四大要素组成：

- 财务资本，又称货币资本，是能够用货币计量且可反映到财务报表上的实物资产，包括厂房和设备，产权归企业所有。

- 品牌资本，又称社会资本，衡量企业和利害攸关者特别是客户、员工和伙伴之间的关系强度、信任程度及由此衍生而

来的价值,产权归企业所有。

● 人力资本,所有权归员工,企业只是通过合约拥有员工在一段时间内为企业工作的权利。

● 组织能力,是由打法/业务流程、队形/组织模式和工具/数字技术三者耦合而成的,产权归企业所有。

企业能力为什么由这四要素构成?战略管理丛林大体分两派:一派是由外而内的定位学派,以波特和特劳特等人为代表;另一派是自内而外的资源与能力学派,以普拉哈拉德、巴尼等人为代表。而企业成功方程式中能力要素的提法借鉴了资源与能力学派的观点。

资源与能力学派认为,决定企业市场地位与竞争优势的是企业所拥有的资源和能力,而不是定位。企业拥有的资源和能力分两类:一类是能用货币计量的财务资本,体现在资产负债表中;另一类是智力资本(intellectual capital),包括人力资本、组织资本(结构资本)和关系资本(客户资本),反映在市值当中。知识经济和人工智能时代,企业竞争优势越来越取决于智力资本。过去30年世界市值前十的公司变迁就是最好的证明。1990年,市值排名前十的公司中只有IBM属科技公司,其他9家都集中在银行、电信和能源行业。2020年,除位列第七的巴菲特旗下公司伯克希尔－哈撒韦外,其他9家公司如苹果、谷歌、三星等无一例外均属于智力资本驱动的高科技公司,真可谓"三十年河东,三十年河西"。

企业成功方程式中能力域四要素与平衡计分卡的四个构面初看相似，实则区别很大：

- 平衡计分卡的财务构面重在解读衡量战略目标或企业成功的财务指标是什么，而四要素中的财务资本，则指可用货币计量的实物资产，包括厂房和设备。
- 平衡计分卡的客户构面重在解读衡量客户满意度、忠诚度、市占率、复购率、钱包份额等指标，以及要在这些方面做好，企业需在市场营销和客户经营上做的工作；而四要素中的品牌资本不仅包括客户，还包括员工和伙伴等利害攸关者，这是人工智能时代生态战略中的核心内容。
- 平衡计分卡的学习成长包括人力资本、信息资本和组织资本。在企业成功方程式中，能力域下的组织能力是打法／业务流程、队形／组织结构、工具／数字技术之耦合，IBM 业务领先模型执行框中的"正式组织"包括流程和 IT。
- 平衡计分卡更多侧重战略视角下的绩效指标提取，旨在推进战略落地；企业成功方程式中的能力域侧重战略和文化落地所需的资源和能力，如果把战略比喻成"瓷器活"，那么能力域要回答的问题是企业需要有怎样的"金刚钻"。

企业成功方程式中能力域四要素之间的内在关系如图 9-5 所示。人有主观能动性，这是共识；组织能力因机器学习和人工智能技术的发展也将有能动性且可自学习和自演进，这是已经发生的事实。看得见的人才和看不见的组织一阳一阴，在交互中共同为利害攸关者创造价值，并通过利害攸关者实现资本增值。所有价值均由流程创造，所有成本均由流程消耗。人才在流程上按其约定角色和相应规则行事并创造价值。

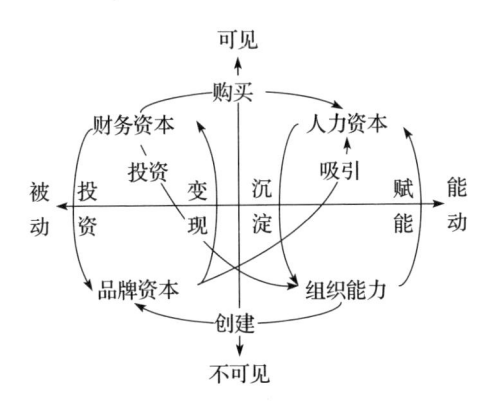

图 9-5　企业成功方程式中能力域四要素之间的内在关系

能力域中财务资本和品牌资本是"果"，具有被动性；而人力资本和组织能力是"因"，具有能动性。人工智能时代，因机器学习和人工智能等先进技术而具备自学习和自演进特征的组织能力，一方面组织赋能员工，让员工看见之前看不见的世界、做成之前做不成的事业，另一方面员工的知识和经验不断扩散到网络、沉淀到组织，这就是人工智能时代人才和组织的互动关系。

4.动力："员工三性"与组织动力

"员工三性"和组织动力在第三章有介绍，此处不赘述。

5. 从愿力、动力和能力看企业家精神

企业家精神虽然被广为探讨,但对于企业家精神的内核到底是什么,大家却有不同的看法。笔者将企业家精神解构为愿力、动力和能力三个部分,其中愿力是中心。

愿力是持续牵引企业家前行且不达目标不罢休的追求,志在天下是伟大的企业家和政治家的共性。这些人追求的终极梦想,是"打下一个大大的江山"(电影《英雄》),"文成武德,一统江湖"(电影《笑傲江湖》),"建设私人王国"(约瑟夫·熊彼特),"活着就是为了改变世界"(史蒂夫·乔布斯),"通信行业三分天下,华为有其一"(任正非)。

动力探讨驱动企业家前行的个性特质,即弗洛伊德提出的力比多或者说一个人最原始的心理能量。驱动企业家前行的核心特质是冒险、好胜、不朽。

- 冒险。企业家眼睛向外,看到机会就两眼放光——当然不是靠机会主义,而是指骨子里敢于下注,即使亏了也享受冒险或者说下注过程中的刺激。
- 好胜。好胜的要义不在于伴随胜利而来的利益,而是胜利本身——一切为了胜利,在竞争中胜出以证明自己的眼光与实力,证明自己是群体中的顶级存在。好胜用更平实的话讲就是征服欲。
- 不朽。所有伟大的产品终将谢幕,而伟大的企业却能超越

个人生命而基业长存。具有企业家精神的企业家所追求的成功不是昙花一现，而是虽人已不在江湖，江湖却还一直流传着关于他的传说。这一脉源自儒家的"立德、立功、立言"三不朽，理想的企业家当有张载所讲的"为天地立心，为生民立命，为往圣继绝学，为万世开太平"的士人情怀。

研究哪些能力和特质让领导脱颖而出的学问叫领导力模型。在众多领导力模型中，杰克·韦尔奇的"4E+1P"非常经典：精力（energy）、激励（energize）、决断（edge）、执行（execution）、激情（passion），然而这一模型主要指向职业经理人。对于民营企业老板特别是草莽起家的企业家，领导力模型则很少涉猎。

企业家精神为企业家所特有，和以高薪为目标的职业经理人几乎风马牛不相及。外企很优秀的高管在民企多玩不转，除了他们更多是活在外企平台上的"套子里的人"以外，更重要的原因是他们理性且功利，是精致的利己主义者，和民营企业特别是创业型企业家的特质格格不入。这里提出的企业家精神不是教授学者和官僚所具有的，而是企业家特别是创业型企业家所特有的。

企业家精神是一种抗争精神，就是熊彼特的"破坏性创新"和"颠覆式创新"，就是乔布斯的"活着就是为了改变世界"。企业家厌恶死寂，到处找寻让企业"动起来"以重新定义企业甚至行业的机会。企业家很多时候并不按常理出牌，可以形象地用"一生不羁放纵爱自由"来概括。

企业成功方程式：适用、易用、可用

在企业成功方程式中，企业家精神是源起，是"天下万物生于有，有生于无"中的"无"，于企业发展而言具有决定性的作用；方向包括战略和文化，由企业家及其高管团队决定；能力包括财务资本、品牌资本、人力资本、组织能力；动力包括"员工三性"、组织动力。

沿上述观点，与已有的探讨企业何以短期绩效优秀且长期基业长青的理论模型相比，企业成功方程式具有以下五大优点：

- 与知识经济和人工智能时代更加匹配。把品牌资本与利害攸关者相联系，与生态战略和平台战略相呼应；把组织能力看成组织结构、业务流程和数字技术之耦合，并视智慧组织为组织数字化转型之终局，和时代演进趋势相符；强调企业家精神及破坏性创新在动力中的主导地位，与现实更贴近。

- 组织既是工具也是目的，更加匹配乌卡时代。企业成功方程式是对"方向要大致正确，组织必须充满活力"经典论断的诠释——把活力分解为能力和动力之积，其中能力对应组织的理性面，动力对应组织的感性面。形象地说，能力是家底，动力更多表现为企图心。乌卡时代没有人能精准预测未来，用指数级学习精进的确定性对冲环境十倍速变化的不确定性，是这个时代所有致力于伟大和长青企业的不二法门。

- 表述更加符合常识，而且简单、易记、好理解、好传播。简约是社会理论的最高境界，晦涩难懂的理论通常不是好理论。
- 全面借鉴制度经济学、创新理论、战略管理、组织管理和企业管理的前沿研究，模型更具开放性和包容性。
- 企业成功方程式中有四个一级要素、八个二级要素，每个因素都可评估、可操作、可优化。这部分内容将在后续章节中探讨，此处不赘述。

人工智能时代的创富公式与剩余价值规律

农业时代，英国经济学家威廉·配第说，"土地是财富之母，劳动是财富之父"。在工业革命中，法国经济学家萨伊认为，劳动、土地、资本和企业家精神都参与了价值创造。人工智能时代，财富创造公式可表达为：资本是财富之母，知识是财富之父，企业家是创富之魂。解读如下：

资本是财富之母。这里的资本更多指财务资本，与传统价值创造论中的"土地"与"资本"及"土地是财富之母"相对应。

知识是财富之父。知识经济与人工智能时代，智力资本即人力资本、关系资本和结构资本，浓缩成一个词就是知识。知识与传统价值创造论中"劳动"和"劳动是财富之父"相对应。传统价值创造论强调工作的时延属性，其假设是劳动"非常辛苦"且"相对均质"。人工智能时代，上述假设不再成立，绩效呈幂律分布更使"由必要劳动时间衡量商品价值"在逻辑上失去合理性。

企业家是创富之魂。企业家精神是推进企业发展的第一动力。其内核借用熊彼特创新理论中关于企业家的三点论断：一是企业家不一定是资本家，不一定是老板，而是以发现新机会并"创造新的生产函数"为职业的人；二是企业家是企业创新的主体，其核心任务是创造性毁灭（或破坏式创新）；三是企业家动机主要不是"投机和赚钱"，而是"建设私人王国"、"对胜利的热情"和"创造的喜悦"。

所有价值皆由人创造，但人工智能时代具备自学习能力的组织和员工一样参与了价值创造，且企业规模越大，工作越复杂，组织资本在其中所起的作用越大且越具决定性。组织资本和财务资本不同，财务资本虽参与价值创造但会摊销为成本，因而理论上讲不创造剩余价值，而组织资本的所有权归企业所有。

10

第十章
企业测量:您的企业离成功有多远

企业成功方程式是笔者对企业短期绩效优秀、长期基业长青表象背后的原理所做的假设模型。管理是实践的学问，其本质不在于知而在于行。假设模型重在揭示事物本质及运作机理，属于"知"的范畴，比知更重要的是行，是企业家及其核心团队能否用企业成功方程式指导管理实践并拿到心仪的成果。基于企业成功方程式打造高绩效组织遇到的第一个问题，是要弄清楚企业在方向、能力、动力、企业家精神四大领域的现状及表现，而这就涉及企业测量或者诊断。

测量的力量：医学发展的启示

1816年听诊器的问世，极大地推动了医学诊断技术的发展。今天，有了先进的医疗设备与仪器的辅助，医生的诊疗水平远胜雷奈克（听诊器发明者）和希波克拉底（西方医学奠基人，被尊称为"医学之父"）。

卡普兰说，如不能测量，那就不能管理。无法测量的研究很难说是科学的。如果没有能洞察和把握企业现状的测量工具，如果没有基于测量结果的干预机制，如果干预机制不能优化企业的组织效能进而提升经营业绩与竞争优势,那么我们对企业的理解将始终停留在非科学的阶段。

测量什么:测量对象与测量指标

基于前文所谈的对组织、组织能力、组织动力和组织文化的理解,结合过去20多年的咨询实践,笔者基于企业成功方程式提炼出来的企业测量指标体系参见图10-1。

需要说明的是,图10-1是基于企业成功方程式找到企业存在的问题并对症下药加以解决,故图10-1不包含看得见的企业基本信息,专利、财务和客户服务等信息。

1. 结果测量:竞争优势

与"结果"相关的指标是最优整体解决方案、最好产品或服务、最佳总体拥有成本,旨在测量与竞争对手相比企业在市场上的竞争优势。这三个指标借鉴了1997年出版的《市场领导者的修炼》一书。该书作者崔西和魏司马指出,市场领先的企业都是通过年复一年聚焦客户价值优化而主导市场,他们的价值主张可归结为最优整体解决方案、最好产品或服务、最佳总体拥有成本三类,为支撑上述价值主张落地,企业须建立与之匹配的运营模式,即运营卓越、产品领先和客户亲密。

竞争优势	最优整体解决方案 最好产品或服务 最佳总体拥有成本	着眼当下,和竞争对手相比		
方向/战略	方向认同度 目标清晰度 路径清晰度			
方向/文化	战略与文化的匹配度 流程对文化的支撑度 人才管理和文化的契合度			
能力/结构	宏观:组织发展阶段及其与战略的匹配度 中观:跨部门、跨地域、跨法人的合作顺畅度 微观:岗位职责价值/权责等的清晰与合理度			
能力/流程	流程绩效:KPI 流程能力:数智六度 流程框架			
能力/技术	数字平台:企业是否有能给企业创造可持续竞争优势的技术平台、业务平台和产业平台			
员工动力	雇主品牌与净推荐值 整体薪酬与员工满意度 激励与员工需求的匹配度			
组织动力	知识产权归属与收益分配 股权结构与权力分配 事业追求与人生意义			
企业家精神	着眼当下,重点和竞争对手相比 重点考察企业家及其核心高管团队的企业家精神与创业创新能力			

图 10-1 企业测量指标体系

2. 方向测量：战略与文化

战略与"方向"相关的测量指标有三个：一是方向认同度，考察大家是否认同企业锚定的战略方向；二是目标靠谱度，考察战略目标是否经大家努力就能够达成；三是路径清晰度，考察战略目标达成路径与策略是否清晰。三个指标中，目标是方向的具象化，而路径指向目标。这三个指标容易理解，不再赘述。

文化与"方向"相关的测量指标有三个：一是战略与文化的匹配度；二是流程对文化的支撑度；三是人才管理和文化的契合度。三个指标中，比较难处理的是战略与文化的匹配度。虽然在第六章中笔者从"理"和"相"两个层面给出了文化测量的工具，但那些工具需要专业人员与企业和问卷填写者——主要是企业中高层管理人员——合作，这样才能得出企业文化的完整画像。为了能更简便地让问卷填写者刻画自己在工作中感受到的文化，在研究大量文献和众多企业核心价值观后，笔者从功利视角出发提炼出12条文化行为，并将其归为做人、做事、整合、追求四类（见图10-2）。其中，做人类的文化行为侧重员工的个性特征中的责任心、上进心和事业心，企业核心价值观中与之相关的高频词是责任、激情和利他；做事类的文化行为侧重员工在工作中能创造更好绩效的过程特征，企业核心价值观中与之相关的高频词是创新、敏捷和精益；整合类的文化行为指向"合众为一"，企业与之相关的文化特征且在核心价值观中有体现的是服从、法治和团队；追求类的文化行为侧重企业的初心，企业与之相关的文化特征且在核心价值观中有体现的是功利、意义与和谐。

做人	责任：责任心强，有诺必践 激情：上进心强，持续奋斗 利他：事业心强，成就客户	创新：拥抱变化，尊重不同 敏捷：敏捷迭代，快速响应 精益：注重细节，精益求精	做事
整合	服从：遵章守纪，令行禁止 法治：敬畏专业，求真务实 团队：尊重个体，集体第一	功利：绩效导向，赏罚分明 意义：使命驱动，愿景领航 和谐：敬天爱人，王在法下	追求

图 10-2　企业中常见的文化行为分类

战略和文化匹配度测量可从文化现状和战略落地所需的目标文化切入，然后基于测量得出改进重点——既包括文化行为改进也包括战略自身微调，而这正是测量的意义所在。

3. 能力测量：组织结构＋业务流程＋数字技术

考察组织结构可从宏观、中观和微观三个层面切入。宏观层面重点考察由职责分维和权力分类所界定的组织发展阶段及其与战略的匹配度，职责分维指同一片责任田有几方负责，只有一方就是一维，依此类推，如 IBM 是基于产品、地区和客户所构建的矩阵组织。权力分类是指组织靠什么驱动员工以贯彻组织意志，分为人治、法制、法治和道治或无为而治。企业在责权矩阵上的位置就是组织发展所处阶段。中观层面重点考察企业跨部门、跨地域、跨法人的合作顺畅度。微观层面重点考察岗位职责／价值／权责等的清晰与合理度。

业务流程的评估要点可概括为"一个基础＋两个角度"。一个基础指流程框架，两个角度分别是流程绩效和流程能力，分述如下：

- 流程框架是企业例常性工作任务分层分类的集合。业界比较有影响力的流程框架有美国生产力与质量中心（APQC）的流程分类框架（PCF）、IBM的企业流程框架（EPF）和电信行业的增强型电信运营图（eTOM）。本文仅列举PCF（见图10-3（a））和EPF（见图10-3（b）），不作展开。

- 流程绩效考察企业在流程上的业绩表现，如衡量研发流程绩效的从创意到市场的时长、衡量销售流程绩效的赢单率与销售效率、衡量交付流程绩效的从订单到交付平均时长、库存周转天数与设备综合效率等。

- 衡量流程能力的主要指标包括流程成熟度、系统覆盖度、数据齐备度、用户体验度、功能智能度、平台集成度，其中流程成熟度和系统覆盖度侧重衡量企业信息化水平，数据齐备度和用户体验度主要衡量企业数字化水平，功能智能度和平台集成度着重衡量企业智能化水平，这六个指标的关系见图10-4。"数智六度"既可测量组织，也可测评流程；既可测量一级流程，亦可用于测量二级流程。在测量二级流程时，通常不用流程成熟度、数据齐备度和平台集成度。基于上述理解笔者开发了"数智六度量表"。

运营流程

1. 愿景与战略制定
2. 产品服务的开发与管理
3. 产品服务的市场营销与销售
4. 实物产品的交付
5. 服务的交付
6. 客户服务管理

管理和支持流程

7. 人力资源开发与管理
8. 信息技术管理
9. 财务管理
10. 资产的获取、建设与管理
11. 企业的风险、合规、补救和业务持续管理
12. 外部关系管理
13. 业务能力的开发与管理

（a）

执行类
1. 集成产品开发
2. 市场到线索
3. 从线索到回款
4. 问题到解决

使能类
5. 开发战略到执行
15. 管理资本运作（机密流程）
6. 管理客户关系
7. 服务交付
8. 供应链
9. 采购
14. 管理伙伴和联盟关系

支撑类
10. 管理人力资源流程
11. 管理财务流程
12. 管理业务变革&信息技术
13. 管理基础支持

（b）

图 10-3　流程框架：PCF 和 EPF

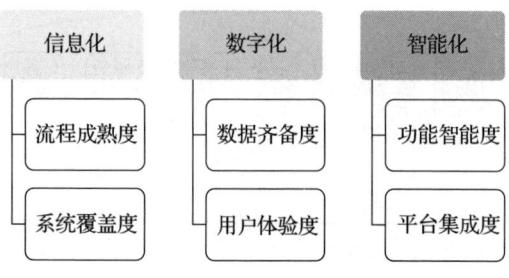

```
┌─────────┐    ┌─────────┐    ┌─────────┐
│  信息化  │    │  数字化  │    │  智能化  │
└─────────┘    └─────────┘    └─────────┘
┌─────────┐    ┌─────────┐    ┌─────────┐
│流程成熟度│    │数据齐备度│    │功能智能度│
└─────────┘    └─────────┘    └─────────┘
┌─────────┐    ┌─────────┐    ┌─────────┐
│系统覆盖度│    │用户体验度│    │平台集成度│
└─────────┘    └─────────┘    └─────────┘
```

图 10-4　衡量流程能力的六个指标的关系

数智六度量表

1.流程成熟度：1~5分别代表经验级、职能级、规范级、度量级和标杆级（见图10-5）。

2.系统覆盖度：用于评估流程是否有系统覆盖，1表示无系统覆盖，5表示流程端到端都在线上进行。

3.数据齐备度：衡量客体属性在信息空间的孪生程度，1表示基本没有或者很零散，5表示已在信息空间有客体数字仿真。

4.用户体验度：用于评估用户的使用体验，1表示体验很差，5表示体验很好。

5.功能智能度：分为5级，具体见图10-6。

6.平台集成度：侧重纵向集成即企业与伙伴之间数据集成，1表示无集成即数据在产业链中处于孤岛状态，5表示纵向端到端全集成即数据能在伙伴之间按需流转。

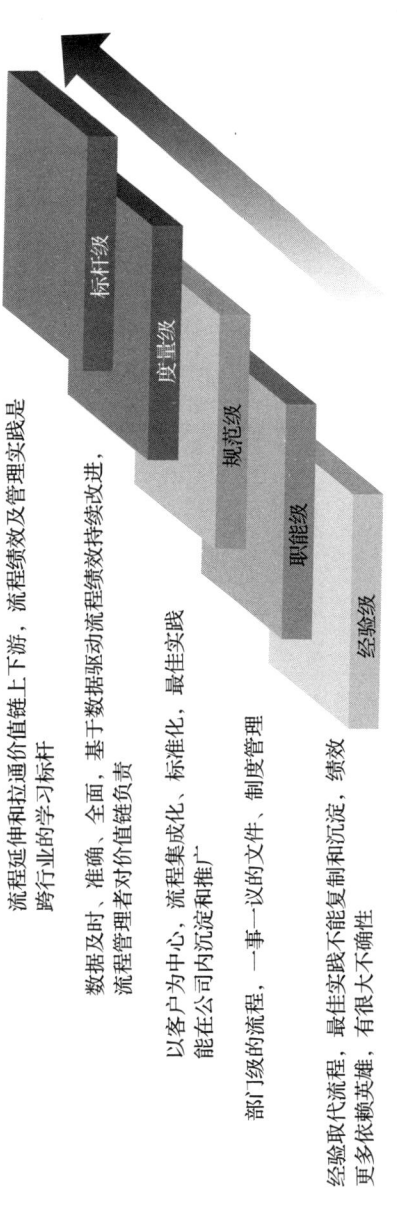

图 10-5 流程成熟度

- 标杆级：流程延伸和拉通价值链上下游，流程绩效及管理实践是跨行业的学习标杆
- 度量级：数据及时、准确、全面，基于数据驱动流程绩效持续改进，流程管理者对价值链负责
- 规范级：以客户为中心，流程集成化、标准化、最佳实践能在公司内沉淀和推广
- 职能级：部门级代流程，一事一议的文件、制度管理
- 经验级：经验取代流程，最佳实践不能复制和沉淀，绩效更多依赖英雄，有很大不确定性

手工	桌面自动化	流程机器人（以规则为基础）	自主流程自动化（以认知识为基础）	认知流程自动化（人工智能为基础）
	• ERP • 工作流 • 宏 • 屏幕抓取 • 自动电子邮件	• 能支持商业流程的可组合式预建机器人 • 可拓展、自适应的目标库 • 全球机器人指令中心 • 弹性、安全的虚拟化基础设施	• 连续流程自动化、监控和实时可视性 • 自动化的人员和事件管理 • 直通式处理系统 • 可重复使用的业务规则和决策流程 • 丰富的绩效管理、KPI和服务层级协议管理	• 自主决策（推理和记忆能力） • 自我修复 • 全新洞察（学习能力） • 参与型支持 • 分析驱动型智慧 • 对流程的建议和完成 • IBM认知型商业运营加速器
手工	PC客户端	结构化、半自动化	自动化	智能化

图 10-6 功能智能度

有人曾用这个量表测量了某央企的人力资源流程,其中测量人力资源信息系统的结果见表10-1。

表10-1 人力资源信息系统的结果

	覆盖度	智能度	体验度
人力资源规划	1.6	1.3	1.8
组织与职位	3.0	2.3	2.8
招聘	2.7	2.2	2.6
调配/离职	3.0	2.2	2.2
用工	2.3	1.7	2.3
薪资	3.6	2.1	2.1
福利	4.0	2.2	2.6
绩效/认可	2.4	1.6	2.3
培训/在线学习	3.3	2.1	2.3
能力/职业发展	2.2	1.8	2.0
员工咨询与服务	2.4	1.8	2.0
数字化的员工社区	1.4	1.6	1.8

结论是:该企业人力资源信息系统处在"有但远谈不上优"的状态,落后时代至少10年。

数字技术。固化流程且和流程合一的数字化平台已在流程能力中考察。除此之外,数字技术还需重点考察企业是否有能力为企业创造可持续竞争优势的数字生态。这样做的原因有二:一是生态是未来主导商业模式,要么加入生态,要么构建生态,要么超越生态,三者必居其一,否则大概率会被边缘化;二是企业数字化转型是大趋势,在人工智能时代,企业如果仍然沿用过往做事方式，不用数字技术把企业内外智慧即"算法＋数据"等沉淀到数字平台，进而提升企业运营效率、拓展企业甚至是产业边界，企业就没机会成为生态构建者。

4. 动力测量：员工动力＋组织动力

与"动力"有关的测量指标分为员工动力测量指标和组织动力测量指标两类。

员工动力测评重点考察雇主品牌与净推荐值、整体薪酬与员工满意度、激励与员工需求的匹配度三个指标。

- 雇主品牌与净推荐值。用于衡量员工向朋友推荐公司工作机会的意愿，请员工用 0 到 10 之间的数字进行评估，0 表示绝无可能，5 表示中立，10 表示非常乐意推荐。
- 整体薪酬与员工满意度。基于需求层次理论提炼员工在工作中看重的八个激励因子（见图 10-7），用问卷形式请员工就企业在上述八个激励因子方面的表现进行打分评估。在笔者十多年积累的 20 多万份样本中，从时间维度看，随时代进步，工作生活平衡之于员工愈发重要；从受众群体看，年纪越小、学历越高的员工对工作生活平衡就越看重。因此笔者将工作生活平衡单列，与薪酬福利一起指向马斯洛层次需求理论中的"生理上的需求"。

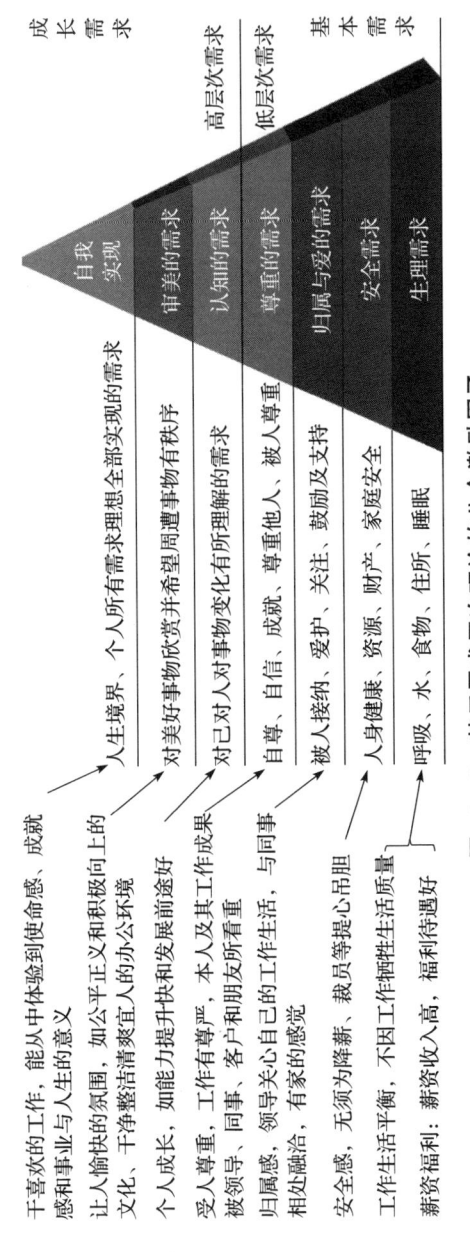

		成长需求
	高层次需求	
低层次需求		基本需求

干喜欢的工作，能从中体验到使命感、成就感和事业与人生的意义 → 自我实现：人生境界，个人所有需求达到想全部实现的需求

让人愉快的氛围，如公平正义和积极向上的文化，干净整洁清爽宜人的办公环境 → 审美的需求：对美好事物欣赏并希望周遭事物有秩序

个人成长，如能力提升快和发展前途好 → 认知的需求：对己对人对事物变化有所理解的需求

受人尊重，工作有尊严，同事、本人及其工作成果被领导、同事、客户和朋友们所看重 → 尊重的需求：自尊，自信，成就，尊重他人，被人尊重

归属感，领导关心自己的工作生活，与同事相处融洽，有家的感觉 → 归属与爱的需求：被人接纳，爱护，关注，鼓励及支持

安全感，无须为降薪、裁员等提心吊胆 → 安全需求：人身健康，资源，财产，家庭安全

工作生活平衡，不因工作牺牲生活质量 ┐
薪资福利：薪资收入高，福利待遇好 ┘ → 生理需求：呼吸、水、食物、住所、睡眠

图 10-7 基于需求层次理论的八个激励因子

● 激励与员工需求的匹配度的测量。基于上述八个激励因子，请员工评估当下自己最看重的两项和公司做得最好的两项，从中可分析出激励与员工需求的匹配度、员工现有心态以及企业整体薪酬激励实践须改进的重点。

组织动力从知识产权归属与收益分配、股权结构与权力分配、事业追求与人生意义三个方面进行考察和测量。

● 知识产权归属与收益分配。人力资本归员工所有，财务资本和品牌资本归股东所有，这是共识。有争议的是组织资本的归属，把主要以"数据+算法"的形式沉淀在组织中的组织资本完全归属于企业，不但于理不通，而且在知识经济特别是人工智能时代于企业和股东也不利。关于知识产权的归属讨论，详见本书第三章。

● 股权结构与权力分配。股权结构与权力分配从属公司治理结构范畴，重点探讨所有权和经营权分离背景下股东会、董事会、监事会和经理层之间的权责利分配。虽然什么股权结构是好结构并无一定之规，但通常而言，一股独大和过于分散都不是好结构，因为不利于员工特别是关键少数的动力激发。

● 事业追求与人生意义。重点考察员工在工作中能否体验到意义感，能否借平台实现自我，在工作中成就人生梦想。

5. 企业家精神

重点考察企业家及其核心高管团队在当家做主、创业创新、奋斗精进、利他无我上的表现，测量方法主要是请企业核心员工用李克特量表做主观评价，当然也可请外部专家通过实地调研进行更客观的评估，这种方法虽费时费力但结果更精准且可提供针对性强的改善举措。

测量工具：测量方法与调查问卷

基于企业成功方程式的测量方法详见表10-2，简易版的企业测量问卷示例如下。

表10-2 企业测量的方法

考察对象		评估者	评估工具	数据获取
竞争优势	最优整体解决方案	核心人才	李克特量表	问卷
	最好产品或服务	核心人才	李克特量表	问卷
	最佳总体拥有成本	核心人才	李克特量表	问卷
战略	方向认同度	核心人才	李克特量表	问卷
	目标靠谱度	核心人才	李克特量表	问卷
	路径清晰度	核心人才	李克特量表	问卷
文化	战略与文化的匹配度	核心人才	强制排序	问卷
	流程对文化的支撑度	核心人才	李克特量表	问卷
	人才管理和文化的契合度	核心人才	李克特量表	问卷

续表

考察对象		评估者	评估工具	数据获取
组织结构	组织发展阶段及其与战略的匹配度	核心人才	分级量表	面谈+问卷
	跨部门、跨地域、跨法人的合作顺畅度	核心人才	李克特量表	问卷
	岗位职责/价值/权责等的清晰和合理度	核心人才	李克特量表	问卷
业务流程	流程绩效	核心人才	经营管理数据	财报+管报
	流程能力	核心人才	等级评定量表	面谈+问卷
	流程框架	核心人才	等级评定量表	面谈+问卷
数字技术	数字平台	核心人才	分级量表	面谈+问卷
员工动力	雇主品牌与净推荐值	全体员工	NPS量表	问卷
	整体薪酬与员工满意度	全体员工	李克特量表	问卷
	激励与员工需求的匹配度	全体员工	强制排序	问卷
组织动力	知识产权归属与收益分配	核心人才	等级评定量表	面谈+问卷
	股权结构与权力分配	核心人才	等级评定量表	面谈+问卷
	事业追求与人生意义	核心人才	李克特量表	问卷
企业家精神		核心人才	李克特量表	问卷

企业测量问卷(零售业简易版)

1.和竞争对手相比,公司的产品与服务(　　)。

A.优势明显　　　　　　B.有些优势

C.不好判断/不好不差　　D.有些劣势

E.劣势明显

2.和竞争对手相比,公司的运营效率(　　)。

A. 优势明显 B. 有些优势

C. 不好判断 / 不好不差 D. 有些劣势

E. 劣势明显

3. 和竞争对手相比，公司的整体解决方案（　　）。

A. 优势明显 B. 有些优势

C. 不好判断 / 不好不差 D. 有些劣势

E. 劣势明显

4. 公司主要客户之所以选择公司的产品与服务而不选择竞争对手的，最重要的原因是（　　）。

A. 产品最优 / 服务最好 B. 高性价比 / 物美价廉

C. 基于解决方案构筑的亲密关系 D. 其他

5. 公司"方向要大致正确"吗？（　　）

A. 非常正确 B. 基本正确

C. 不好判断 / 不好不差 D. 不太正确

E. 很不正确

6. 公司战略目标和年度目标是否靠谱？（　　）

A. 非常靠谱 B. 比较靠谱

C. 不好判断 / 不好不差 D. 不太靠谱

E. 很不靠谱

7. 公司战略实现路径和年度关键举措清晰吗？（　　）

A. 非常清晰 B. 比较清晰

C. 不好判断 / 不好不差 D. 不太清晰

E. 很不清晰

8. 站在当下审视，下列能力中公司最强的两项依次是（　　）和（　　）。

A. 战略与品牌管理

B. 品类规划与商品采购（货）

C. 门店运营管理（场）

D. 会员管理与客户服务（客）

E. 电商与全渠道运营（新零售）

F. 加盟商拓展与关系管理

G. 人力资源管理

H. 财务管理与资本运营

I. 信息技术与数字化

9. 站在未来五年看，下列能力中对公司成败影响最大的两项依次是（　　）和（　　）。

A. 战略与品牌管理

B. 品类规划与商品采购（货）

C. 门店运营管理（场）

D. 会员管理与客户服务（客）

E. 电商与全渠道运营（新零售）

F. 加盟商拓展与关系管理

G. 人力资源管理

H. 财务管理与资本运营

I. 信息技术与数字化

10. 下面关于文化价值观的描述中,哪一条最适合公司?
(　　)

A. 员工对企业文化没感觉,企业也没有明确的文化理念体系,如使命、愿景、核心价值观等

B. 员工能感受到企业有很明显的文化氛围,但企业并没有刻意提炼

C. 虽有明确的文化理念体系,但主要是贴在墙上,和员工没有什么关系

D. 虽有明确的文化理念体系,员工也能背诵出来,但企业真实的文化和文化理念有很大差别

E. 有文化理念体系,而且体现在大多数员工的日常行为之中

11. 在公司,下列文化元素表现最强/最明显的三项依次是
(　　)、(　　)和(　　)。

A. 责任/责任心强,有诺必践

B. 激情/上进心强,持续奋斗

C. 利他/事业心强,成就客户

D. 创新/拥抱变化,尊重不同

E. 敏捷/敏捷迭代,快速响应

F. 精益/注重细节,精益求精

G. 服从/遵章守纪,令行禁止

H. 法治/敬畏专业,求真务实

I. 团队 / 尊重个体，集体第一

J. 功利 / 绩效导向，赏罚分明

K. 意义 / 使命驱动，愿景领航

L. 和谐 / 敬天爱人，王在法下

12. 站在未来五年看，下列文化元素对公司成败影响最大的三项依次是（　　）、（　　）和（　　）。

A. 责任 / 责任心强，有诺必践

B. 激情 / 上进心强，持续奋斗

C. 利他 / 事业心强，成就客户

D. 创新 / 拥抱变化，尊重不同

E. 敏捷 / 敏捷迭代，快速响应

F. 精益 / 注重细节，精益求精

G. 服从 / 遵章守纪，令行禁止

H. 法治 / 敬畏专业，求真务实

I. 团队 / 尊重个体，集体第一

J. 功利 / 绩效导向，赏罚分明

K. 意义 / 使命驱动，愿景领航

L. 和谐 / 敬天爱人，王在法下

13. 公司研产供销服流程充分体现了文化核心价值观的要求，对这个表述，您赞同吗？（　　）

A. 非常赞同　　　　　　B. 基本赞同

C. 不好判断 / 不好不差　　D. 不太赞同

E. 很不赞同

14. 公司人才"选用育留汰"充分体现了文化核心价值观的要求，对这个表述，您赞同吗？（   ）

A. 非常赞同　　　　　　　　B. 基本赞同

C. 不好判断/不好不差　　　　D. 不太赞同

E. 很不赞同

15. 和竞争对手相比，公司信息化和数字化水平（   ）。

A. 非常好　　　　　　　　　B. 比较好

C. 不好判断/不好不差　　　　D. 比较差

E. 非常差

16. 对现有信息系统给业务创造的价值，您的评价是（   ）。

A. 给业务创造差异化的竞争优势，形成对于竞争对手的降维打击

B. 信息系统反向赋能业务，让业务运营成本更低、质量更好、速度更快

C. 较好满足业务需求，能支撑业务的发展

D. 勉强满足业务需求，且效果经常打折扣

E. 投入产出不成正比，对业务发展没有起到什么作用

17. 公司权责分配合理、岗位责权清晰，您的评价是（   ）。

A. 非常适用　　　　　　　　B. 基本适用

C. 不好判断/不好不差　　　　D. 不太适用

E. 很不适用

18. 对公司内跨部门、跨地域之间的合作,您的评价是（　　）。

    A. 非常好　　　　　　　　B. 比较好

    C. 不好判断/不好不差　　　D. 比较差

    E. 非常差

19. 公司"组织必须充满活力",您的评价是（　　）。

    A. 非常适用　　　　　　　B. 基本适用

    C. 不好判断/不好不差　　　D. 不太适用

    E. 很不适用

20. 在公司工作,我有很强的意义感,能从中体验到成就感。这句话和您当前的状态（　　）。

    A. 非常相符　　　　　　　B. 基本相符

    C. 不好判断/不好不差　　　D. 基本不符

    E. 很不相符

21. 公司对核心人才的绩效与激励（　　）。

    A. 非常好　　　　　　　　B. 比较好

    C. 不好判断/不好不差　　　D. 比较差

    E. 非常差

22. 下列激励因子中,您最看重的两项依次是（　　）和（　　）。

    A. 薪资收入高,福利待遇好

B. 工作生活平衡，不会因工作而牺牲生活质量

C. 安全感，无须为降薪、裁员而提心吊胆

D. 归属感，领导关心和同事融洽，有家的感觉

E. 受人尊重，如公司很知名及工作有尊严等

F. 个人成长，如能力提升快和发展前途好等

G. 最美组织，好文化氛围与优良办公环境等

H. 干喜欢的工作，从中体验到成就感和人生意义

23. 下列激励因子中，公司做得最好的两项依次是（　　）和（　　）。

A. 薪资收入高，福利待遇好

B. 工作生活平衡，不会因工作而牺牲生活质量

C. 安全感，无须为降薪、裁员等而提心吊胆

D. 归属感，领导关心和同事融洽，有家的感觉

E. 受人尊重，如公司很知名及工作有尊严等

F. 个人成长，如能力提升快和发展前途好等

G. 最美组织，好文化氛围与优良办公环境等

H. 干喜欢的工作，从中体验到成就感和人生意义

24. 对公司未来的发展前景，您的评价是（　　）。

A. 非常好　　　　　　　　B. 比较好

C. 不好判断/不好不差　　　D. 比较差

E. 非常差

25. 您会向您的朋友推荐他（她）来公司就业吗？（　　）

0～10，0代表绝对不会推荐，10代表极力推荐。

26.和竞争对手相比，公司中高管在创新、冒险、求胜以及着眼长远和当家做主上的表现（　　）。

A.非常好　　　　　　　　B.比较好

C.不好判断/不好不差　　　D.比较差

E.非常差

27.（开放式问题）公司管理做得最好的有哪些？请简要列举三个。

28.（开放式问题）公司管理存在的主要问题是什么？请简要列举三个。

企业测量的意义：洞察人心

企业测量工具具有四大价值：

一是看见看不见。用企业测量工具诊断企业和我们去医院体检很相似，体检能把平时看不见的人体指标给量化出来，通过和正常值范围的比对就能知道身体健康或有哪些问题。

二是关联不关联。企业测量工具中涉及的测量对象和指标并非首创，基于企业成功方程式将这些指标建构在一个工具中才是创新之处。通过一份简单的问卷，洞察出战略、竞争优势、组织结构、流程、激励及文化相互之间的匹配度，这是企业测量工具最大的优势。

三是知道不知道。在样本量足够多和问卷参与人员都认真的前提下,这套工具能在短时间内勾勒出"看不见的组织"现状如何、根因何在、路在何方等洞见,而这些洞见中包含着高管不曾意识到但极有价值的重要信息。

四是改变不改变。组织与人心的实时交互犹如量子纠缠。量子纠缠是一种奇特的电子力学现象,指两个或多个量子系统之间存在特殊的关联,使得对其中一个系统进行测量会瞬间影响到其他与之纠缠的系统的状态。测量以及随后的分析报告虽不能改变客体,但如果大家都认真参与,那么测量就能改变大家对于组织的主观认知。从这个角度讲,好的企业测量工具、优秀的测量顾问、诚心参与的企业核心团队,从三者聚合的那一刻起就在改变组织。当然这个改变,只是心胜。真正在战场上的胜利,还需要之后的组织变革与数字化转型再造。

基于企业成功方程式,本章从结果、方向、能力、动力和企业家精神等五个构面对企业进行全面测量,旨在让企业特别是企业中看不见的组织透明化,当然透明化并不是测量的目的,通过测量改进企业绩效才是目的。如同我们去医院做体检,无须知道身体的运作机理,体检结果就可明确告诉我们,哪些方面非常健康、哪些方面需引起注意、哪些方面需要马上治疗。企业测量也是这样。企业测量或者诊断本身并不是目的,对测量结果的解读与应用才是。

企业测量结果解读难点有三。一是企业成功方程式中各要素之间的匹配度解读难，尤其是文化和战略之间的匹配度、方向和能力与动力之间的匹配度。二是测量结果的科学解读须充分考虑以企业家或一把手为核心的高管团队的心性，因为企业归根结底是企业家心性的外显，若不充分理解企业家的心性，只是站在"科学"的角度去解读，其结果看似科学，实则不科学，因为在外人看来很不科学的东西，也许企业家本人能用得非常得心应手。三是企业测量结果的解读必须充分考虑企业这一生命体所在的时空，其中包括企业所处的外部环境、所在行业、所处时代等。从这个角度讲，即使基于企业成功方程式的企业测量工具很"科学"，但解读测量结果即诊断也需要很"艺术"，这当然不容易。

在企业测量和诊断的诸多应用中，很重要的一个是企业转型与变革管理，这是下一章的重点。

第十一章

跨越周期持续成长：企业转型与变革管理

乌卡时代，唯一不变的就是变。要在这样的时代穿越周期而持续成长，企业就必须以变应变，来适应甚至引领变化。以变应变中，既有以自下而上持续改进为特征的基层涌现，也有以自上而下为特征的企业转型，相比较而言后者更难。

- 战略执行。探讨战略失败的文献很多，综合看战略执行失败比率近七成。这里统计的失败比例，还是制定得很好的战略。

- 企业并购重组。毕马威1999年的一项研究指出，75%～83%的并购不成功；2011年，克莱顿·克里斯坦森在《哈佛商业评论》上的文章中给出的并购失败比例是70%～90%；对企业并购最乐观的统计，其成功率也只有50%。这里的成功不是指双方签订并购合同，而是指通过并购给股东创造价值。

- 企业数字化转型。《IEEE工程管理评论》在2021年9月刊指出，全球每年在企业数字化转型上的投入高达1.3万亿美元，其中失败的比例高达90%。

战略执行、企业并购重组、企业数字化转型，这三者都是企业中高层管理者非常关心和重视且成败事关企业兴衰的重大变革。如上所述，这些变革失败概率远大于成功概率。这就导出了一个有意思的问题：变革的起点和终点清晰，企业中高层都很重视,而且成败与企业利益和个人荣辱密切相关,为什么变革失败比率这么高?

企业变革,到底"变"什么?

变革对象当然是企业,但"企业到底是什么"的答案却并不简单。从法律视角看,企业是法人实体,拥有资产和负债,能在市场上自主行动。在经济学家那里,企业是个"黑箱",在企业家的统筹下把员工、资本、土地、数据等生产要素转化为客户需要的产品和服务,并在此过程中为客户、股东、员工等利害攸关者创造价值。在管理者眼中,企业是座冰山,水面上是业务与资产、品牌,水面下是员工、组织(见图11-1)。

图11-1从两个维度剖析企业。纵轴把企业比喻成冰山,水面上的部分为阳,如业务、资产、品牌等,水面下的部分为阴,包括员工、组织等。横轴关于研究方法,经济学视角下的企业求利,为阳,社会学视角下的企业求义,为阴。简要说明如下:

- 业务组合。业务包括产品和服务,是企业销售的"标的",是客户愿意买单的"价值载体"。
- 财务资本。财务资本又称货币资本,包括能让业务得以生产和交付的厂房、设备和生产线等,以及业务得以连接和流通到客户的"渠道",如门店和经销网络等。

第十一章 跨越周期持续成长：企业转型与变革管理 / 243

经济学/阳

业务与资产
- 业务组合：客户花钱买的产品与服务
- 财务资本：包括能让业务得以生产和交付的厂房、设备和生产线，以及业务得以连接流通到客户的"渠道"，如门店和经销网络等

人力资本：属于员工，企业依契约拥有相关权利，重点考察数量、质量、结构、动力等

员工

水面上/阳

←——————————→

水面下/阴

品牌

社会资本：属于企业，是企业在相关利害攸关者如客户、员工和生态伙伴心目中的知名度、美誉度和忠诚度

组织资本：包括组织能力、组织文化和组织动力，重点考察组织这个看不见的主体在价值创造过程中的功用与贡献

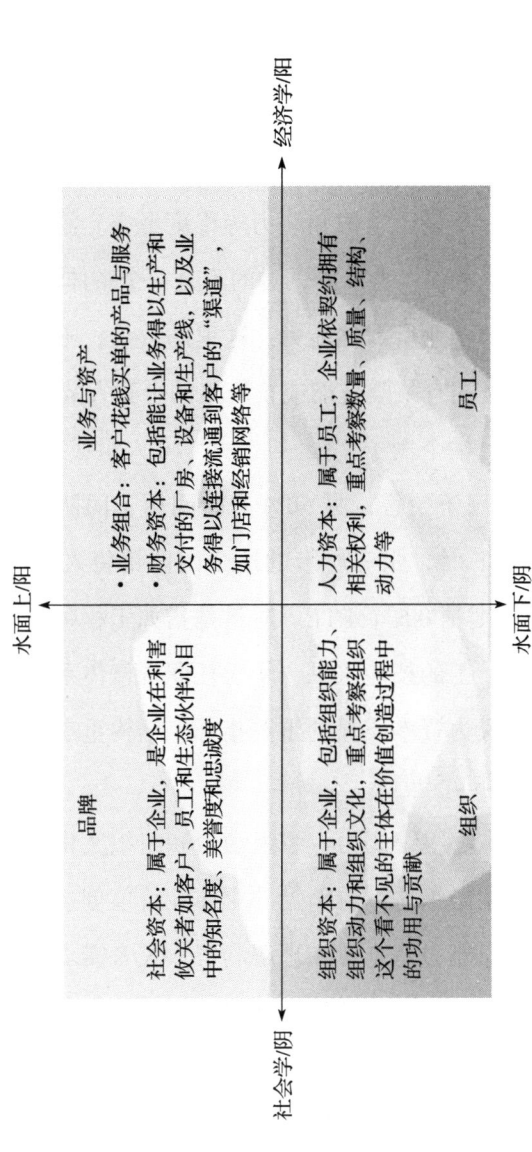

组织

社会学/阴

图 11-1 企业剖析图

- 社会资本。社会资本指企业在利害攸关者心目中的口碑，包括知名度、美誉度和忠诚度。利害攸关者既包括客户和员工，也包括供应商、股东和金融机构等生态伙伴。

- 人力资本。人力资本归员工所有，企业依契约拥有相关权利，从数量、质量、结构和动力等维度考查。需要特别指出的是，企业角度考察人力资本，看的不是一个整体的"人"，而是"人"拥有的企业所需之能力。这里的数量，不能简单地理解为人数，而是拥有某类技能或技能集的全勤人数（FTE）。该说法有些抽象，举个例子，张三带一个10人组成的销售团队，其50%的时间用于销售，另50%的时间用于团队管理，那么企业在统计FTE时，张三所带的这个团队销售人员是10.5个FTE，而管理者则是0.5个FTE。质量是指如工程师、高级工程师以及专家等员工的技能水平，华为任职资格体系中的任职资格等级是衡量人力资本质量的重要指标。结构重点考察人力资源与战略需求的匹配度。

- 组织资本。组织能力、组织动力和组织文化统称为组织资本，重点考察组织这个看不见的主体在价值创造过程中的功用与贡献。组织能力是企业在理解利害攸关者需求并为之创造价值的过程中积累的知识和惯习之总和。组织能力建设的范例包括：在工业2.0时代是福特的生产流水线，其功绩是把汽车生产效率提高百倍以上；在工业3.0时代是华为的IPD，其功绩是助推华为成功跻身世界级通信设备制造商；在工业4.0时代是美团的骑手管理平台，借助该平台美团可直接且高效管理近千万骑手而不需要传统高耸的金字塔结构及伴随该架构的数量庞大的管理人员。组织动力表面上看是致力于组织目标达成的员工愿力与动机之总和，实质上是旨在激发员工愿力和动机的制度性安排。组织动力打造的范例是《亮剑》中的独立团、华为的狼性团队和阿里巴巴的销售铁军。组织文化表面上是"我们这里的做事方式"，本质上是由世界观、价值观、人生观和方法论耦合而成且为群体共有的底层操作系统。组织文化建设的范例包括：20 世纪由制度文化、亲情文化和创业文化耦合而成的联想"斯巴达方阵"和以"真诚到永远"为广告语的海尔服务文化，如今华为的"狼文化"或"奋斗者文化"和阿里巴巴的"六脉神剑"。

人力资本、组织资本统称为智力资本，是企业无形资产的重要组成部分，是人工智能时代企业竞争优势最重要的来源。

图 11-2 为企业变革剖析图。简要说明如下：

- 企业变革有五大对象，水面上的有业务与资产、品牌，水面下的有员工、组织。
- 水面以上部分为果，变革相对简单；水面以下部分为因，变革相当复杂，"因"变革的成功程度直接决定企业转型成败。
- 这里的因果、快慢和难易都是两两相比较之结果，单独看业务变革虽然也难，但与组织变革相比则简单很多。

```
                    水面上/阳
                        ↑
        ┌───────────────┬───────────────┐
        │  品牌          │  业务与资产    │
        │ ·因果关系：果  │ ·因果关系：果  │
        │ ·变化速度：慢  │ ·变化速度：快  │
        │ ·变革难度：易  │ ·变革难度：易  │
社会学/阴 ├───────────────┼───────────────┤ 经济学/阳
  ←─────│ ·因果关系：因  │ ·因果关系：因  │─────→
        │ ·变化速度：慢  │ ·变化速度：快  │
        │ ·变革难度：难  │ ·变革难度：难  │
        │  组织          │  员工          │
        └───────────────┴───────────────┘
                        ↓
                    水面下/阴
```

图 11-2　企业变革剖析图

变革之难，"难"在哪？

企业变革，本身就难；企业越大，历史越久，变革越难。这是共识。

变革为什么难？很多文章虽有涉及，但是分析并不透彻，在这些文章中，"变革难"是大家熟知的公理故而无须探讨。但在实践中，如果变革主导者只知道变革难而不知道为什么难和难在哪里，那么他在变革管理上就还处在"必然王国"之此岸，其主导的变革能否成功主要靠碰运气。

接下来笔者从三个方面谈变革之难。

1. 从变革对象看变革之难

企业变革的对象包括业务、资产、品牌、员工和组织。这五大要素中，如前所述，业务、资产和品牌是果，而员工和组织是因。变革之难，当然难在因上。另外从战略推导业务、资产和品牌的目标状态，然后再基于差距制定出关键举措，这些工作从逻辑上都不难，但关键举措落地需要人才和组织保障，从这个角度讲，组织和员工变革的成败直接决定企业变革的成败。

- 员工。盘点员工的学历、年龄、工龄和经验等显性静态数据不难，视员工为技能组合，要数清楚"数"不容易。因为这里的前提是企业有从战略和流程导出的技能集，现实中很多企业，包括大企业在内，在这个方面的基础薄弱，所以真要数清技能集视角下的"员工数"不太可能。连"员工数"都数不清楚，又遑论质量、结构和动力？为什么战略落地盘点的不是学历、年龄、工龄和经验，而是从战略和流程导出来的员工身上所拥有的技能？因为显性静态数据并不能直接推动战略落地和流程运行，但技能却可以。
- 组织。很多企业在战略转型时很喜欢调整组织架构，调整组织架构的确很容易，下个文、开个会就能调好，至于效果则大多是碰运气。为什么？因为组织架构只是组织的表象，而战略转型时需变革的企业特别是大企业，需要组织能力、组织动力和组织文化之耦合。这个视角下的组织变革非常之难。

如上所述，变革难在员工和组织。那么员工和组织的变革之难，又难在哪里呢？

- "想明白"中的描述现状并不容易。
- "想明白"中的刻画基于战略的目标蓝图，比现状分析更难。
- "想明白"中的基于差距制定关键举措，员工方面的方法相对成熟，组织变革特别是组织文化中的心智模式重塑还处在理论探索阶段，实践中的难度可想而知。
- 相较"想明白"，"做正确"更难。德鲁克认为，管理是一种实践，其本质不在于知而在于行，其验证不在于逻辑而在于成果，唯一的权威性就是成果。虽然王阳明主张知行合一，但若从"知是行之始，行是知之成"中去细细体会，则做正确比想明白更加难。

2. 从管理思维看变革之难

1948年于管理史而言具有里程碑式的意义。在此之前，管理学的底层逻辑是机械论，视组织为精密仪器，基于确定性的未来场景和因果关系，用"预测—决策—执行"的范式，推进企业管理变革和业务精进。1948年，控制论、信息论和系统论相继诞生。

- 控制论。诺伯特·维纳于1948年出版的《控制论》一书标志着控制论的诞生。控制论与机械论的思想不同，机械论对于未来给出一种尽可能确定的预测，而控制论则是根据变化不断做出反应和调整。反映到今天的企业，是强调快速迭代与敏捷创新。

● 信息论。克劳德·香农于1948年发表的对通信和密码学的研究成果，标志着信息论的诞生。与机械论追求确定性不同，信息论建立在不确定性的基础上，系统不确定性越多，熵就越大，越需引入更多信息以消除不确定性进而实现熵减。反映到今天的企业，就是数字化转型：一是用数字技术重新定义产品与服务，成功案例包括谷歌、特斯拉和苹果；二是用数字技术重新定义流程与组织以打造"前台敏捷响应、后台强大赋能"的智慧企业，成功案例包括IBM、美团和华为等。

● 系统论。系统论的问世以奥地利生物学家路德维希·冯·贝塔朗菲于1948年出版的《生命问题》为标志。系统论认为系统功能并不等于每一个局部功能之和，这个观点和机械论"整体总能分解为局部，局部可再整合为整体"的思想不同。反映到今天的企业，是企业如一味追求"局部最优"往往会走入死胡同，因此要实现全局最优，小企业靠个人英雄和员工觉悟可行，大企业则须通过权和责两个维度向上跃迁打造系统效能更强的"一个集团"。关于这方面的详细解读参见本书第九章。

乌卡时代的企业变革，机械论虽有适用空间，但更多需让位于控制论、信息论和系统论，而且这"三论"在人工智能时代相互关联、耦合紧密，其难度与机械论不在一个量级。原因如下：

- 机械论研究确定性的逻辑和因果，建构的机制相对刚性，强调秩序，金字塔式的科层组织与中国传统的家长式领导非常匹配。

- 控制论研究不确定性下的敏捷迭代，虽有自上而下的成分，但更多强调自下而上。控制论要求企业通过授权和赋能等激活一线，而授权和赋能的前提是信息透明。这和机械论及其衍生的金字塔型组织下的控制逻辑恰恰相反——金字塔型组织里大家都谋求从信息不对称所衍生出来博弈优势。

- 信息论研究联接与赋能，通过大信息量下的算法精进和算法迭代增强和替代人类脑力劳动。如果说机械论视角下的组织绩效主要关注结果绩效和财务绩效，那么信息论视角下的组织绩效则更强调算法和数据，即把过程中的智慧沉淀到组织，把数据沉淀到平台，然后基于智慧和数据迭代算法，实现因果同在、人机同行。

- 系统论研究的核心是合众为一，而且这个一是异质的一而非同质的一，异质就是分工。效率源自分工，这是亚当·斯密《国富论》中的核心观点。很多企业深受部门墙和烟囱井及诸侯林立之害，困在其中。机械论下的惯性，更多通过权责手册和绩效激励实现，但很多企业实施效果一般。系统论要求企业从流程和数据切入，充分利用数字技术，打造真正能合众为一的"一个集团"。

乌卡时代下企业所处的外部环境越来越复杂，这是事实。随着企业规模扩大，组织的复杂性在指数级上升，这也是不争的事实。企业如何应对内外复杂性的双重叠加？复杂性的管理与应对方法都架构在控制论、系统论和信息论所构筑的基础之上。控制论与权力相关，旨在减少变异；信息论与数字化高度相关，旨在导向透明，包括因果关系透明、作用机制透明和信息交互透明；系统论在管理上的一个核心应用，就是把企业的业务以及与之匹配的资源与能力组件化，然后再根据需求灵活调用。

没有硬科技支撑，控制论、信息论和系统论只能作为一种哲学或思维模式。在人工智能时代，因有数字技术的支持，上述"三论"借先进工具而成企业经营管理之"实学"。在组织变革方向中，控制论对应的是透明组织、信息论对应的是智慧企业、系统论对应的是"一个集团"。关于透明组织、智慧企业和"一个集团"的详述参见本书第二章。打造出这样的组织，才会有能在人工智能时代领先与超越的核心能力，才有资格与卓越企业同台争锋。对当下很多企业特别是大企业而言，要实现从现在的不透明、不智慧和分散向透明组织、智慧企业和"一个集团"的转型，其难度之大，远超想象。

3. 从认知模式看变革之难

除了对象和方法外，企业转型与变革归根结底是以企业家为核心的中高层管理团队的心智模式以及由心智模式决定的做事方式的转型。

每个人都有自己的心智模式。心智模式就像电脑的操作系统，决定着我们看世界的方式和对外界刺激的反应模式。心智模式在长期工作生活中形成，兼具捷径效应和遮蔽效应。捷径效应是指下意识地用过去成功的方式处理当前的问题，因省去了很多论证工作所以反应更快。遮蔽效应是指我们看到的世界是"心智模式想让我们看到的世界"。关于遮蔽效应举两个例子：一是晋惠帝司马衷在听说因严重饥荒百姓饿死无数时却问"何不食肉糜？"，这句话反映了他对饥荒严重性和百姓困苦生活的无知和漠视，而吃肉粥于高高在上的他而言是小事和常事；二是大润发创始人曾说他输给了时代，其实他没有输给时代，而是输给了在"打败所有竞争对手"的过程中不断强化且自己都不曾意识到的固化的心智模式。

心智模式的后果之一是"习惯性防卫"。越优秀越成功的员工，其习惯性防卫越强。员工在企业工作时间越长、晋升速度越快、过往业绩越优秀，心智模式就越坚固。企业如以线性或惯性发展，与之匹配的心智模式越坚固越好。企业转型和变革则意味着企业要突破线性或惯性发展，改变过去主流的心智模式，但这不是件容易的事。因为心智模式虽客观存在，但却存在于主体的潜意识里，没有受过专门训练的人很难认清自己的心智模式。彼得·圣吉的《第五项修炼》中心智模式部分之所以难懂，是因为我们的心智模式潜藏得如此之深，以至于我们自己都不知道它的存在。我们虽没有意识到自己的心智模式，但它却无时无刻不在控制和左右我们的行为，这就是心智模式最关键的地方。

企业转型归根结底是以企业家为核心的中高层管理团队心智模式的重塑，在企业工作时间越长、过往越成功，心智模式就越坚固。基于上述推论，由内部人主导的企业转型或重大变革，其成功概率肯定不高。那么由外部人主导企业变革会怎样呢？答案是成功概率更低。因为内部人至少对企业理解得很深入，外部人连这一点都很难做到。如果变革主导者对变革对象及底层逻辑缺乏了解，那么变革成功就只能碰运气。这也是历史上那些基业长青的企业的经理人多由内部成长起来的原因之所在。

关于企业变革中以企业家为核心的中高层管理团队心智模式转换的心路历程，笔者借"邓宁－克鲁格效应"（见图11－3）解读如下。

● "巨婴"阶段。"不知道自己不知道"，在过往顺风顺水环境中一路高歌猛进，形成自己的心智模式，觉得自己无所不能甚至天下第一，看谁都觉得不如自己。这个阶段对当事者而言是幸福的，他们最希望的是"天不变，道亦不变"，如此自己就可以一直活在童话之中。可惜的是，现在是乌卡时代，一切都在变化之中，一直把头埋在沙子里当鸵鸟，其结局不言自明。

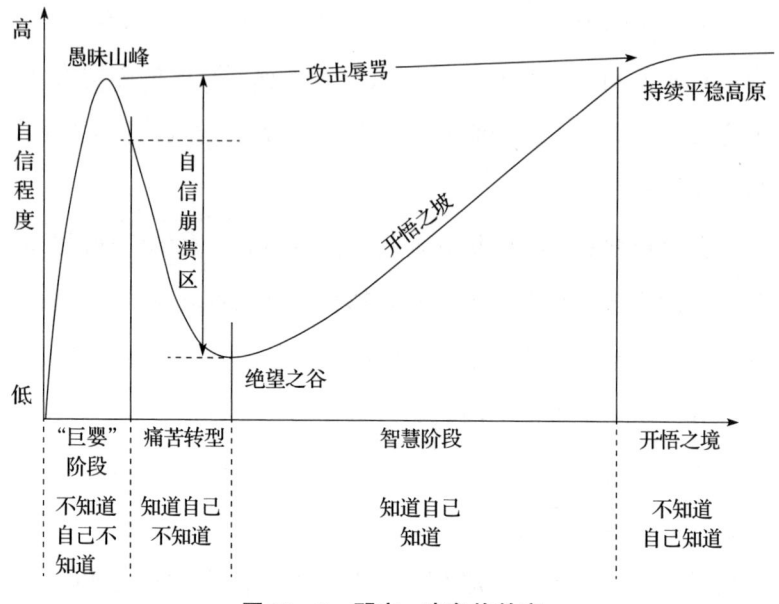

```
        高 ┤     愚昧山峰         攻击辱骂              持续平稳高原
          │      ╱╲━━━━━━━━━━━━━━━━━━━━━━━━━━━━━━━━━━━
        自 │    ╱  ╲         ╱
        信 │   ╱    ╲   自  ╱
        程 │  ╱      ╲  信 ╱ 开
        度 │ ╱        ╲ 崩╱  悟
          │╱          ╲溃╱   之
          │            ╲区    坡
          │             ╲╱
        低 │            绝望之谷
          └──┬─────┬───────────┬──────────┬───→
            "巨婴"  痛苦转型     智慧阶段     开悟之境
             阶段
            不知道  知道自己      知道自己     不知道
            自己不  不知道        知道         自己知道
            知道
```

图 11-3 邓宁-克鲁格效应

- 痛苦转型。过去有多成功，当下就有多难受。因过往成功沉淀下来的心智模式与当下所处环境不匹配，故而在现实中不断碰壁，于是开始"知道自己不知道"。与之伴随而来的是信心坍塌和自我迷失，陷入"成功者的诅咒"。这个过程十分煎熬，能活下来且活得不错的企业，多是能睁眼看世界并勇于开展批评和自我批评的企业。

- 智慧阶段。通过抬头看路、总结复盘以及自我批判，企业家及其中高层管理团队逐步将决策建立在"知道自己知道"的基础上，这一点十分重要。因为建构在"知道自己知道"的基础上的决策，胜算更高，打胜仗的概率更大。与之伴随的是看得见的信心重建和看不见的心智模式迭代。能熬过这个阶段并修炼出与企业战略落地和转型升级相匹配的心智模式的企业家，就能走出绝望之谷并实现凤凰涅槃，能做到这一点的企业家是企业家中的龙凤。

● 开悟之境。不知道自己知道，拥有大师无我无执境界的企业家，已经挣脱了心智模式的控制，这类人极其罕见。

综上所述，有历史积淀的大型企业的战略转型的变革，主要难在以下三个方面：

● 要打破由员工和组织的紧耦合并构建支撑战略落地的新的复杂组织体系，理论上都没有完全探明，遑论实践。

● 在乌卡时代和数字化转型背景下，企业变革的主导者不仅要有控制论、信息论、系统论和机械论相互耦合圆融的底层思维，而且还要结合先进数字技术助推企业向透明组织、智慧企业、"一个集团"演进，极具挑战性。

● 最后也是最重要的，变革的本质和关键是心智模式重塑，虽修行者众，然证果者寡。

本书重点聚焦组织，所以接下来重点探讨组织变革。需要特别指出的是，接下来要探讨的组织变革中的组织，是把阳面团队视角下的组织和阴面结构视角下的组织耦合在一起的"全息组织"。

变革有方：组织变革有方法吗？

组织变革是个非常热门的课题，从库尔特·勒温1947年提出三阶段变革模型至今，该领域出现了很多大师，也有非常多的理论与模型。总结起来，与组织变革方法相关的理论可分三类，即组织发展、变革管理和变革方法。

1. 组织发展

巴纳德·伯尼斯于2012年发表的《过去、现在和未来：长视角下组织发展文献综述》，开篇就讲组织发展一直是西方乃至全球组织变革的重要方法。过去很长一段时间内，组织发展与高层主导的有计划的组织变革高度重叠。从这个角度讲，把组织发展单列为组织变革中的一类，从理论上讲是站得住脚的。

组织发展的概述及方法在本书第七章中有述，此处不赘。

2. 变革管理

如何管理变革过程的学问是变革管理。笔者在诸多变革管理模型或方法中精选了三个如下：

- 库尔特·勒温于1947年提出的"解冻—变革—再冻结"的三阶段变革模型。

- 约翰·科特在《引领变革》中提出的"变革八步法"。变革八步分别是：创造变革紧迫感，组建强有力变革领导团队，创建变革愿景，传递变革愿景，授权他人践行愿景，计划并创造短期速赢，巩固变革成果并推进变革，新方法的制度化和常态化。

- IBM 基于自身实践总结的变革管理方法，详见图 11-4，IBM 将其冠名为"更优变革模型"。除 IBM 之外，该方法还在华为、索尼、壳牌石油和联合利华等公司实践过且效果明显。该方法强调，变革必须以价值为中心，围绕战略落地和员工转变两个基本点，从变革管理策略、变革领导力、组织设计调整、利害攸关方的沟通与参与、知识和技能、文化改进等六个方面切入，全面且系统性地推动，才能大幅提升变革成功概率。

帮助高层和中层管理人员设定变革实施方向，提升组织的变革领导力

战略落地

分析变革影响及组织变革承受度，制定实施变革管理措施，并进行风险评估与持续改进

设计和调整相关组织和岗位的工作职责、技能要求、绩效指标、沟通关系和管理制度等要素

变革领导力　组织设计调整
变革管理策略　价值实现　利害攸关方的沟通与参与
文化改进　知识和技能

文化改进旨在改善组织行为，提高组织绩效，推动组织成长和加速转型价值的实现

分析利害攸关方对项目的期望、反馈及顾虑，与利害攸关方进行充分的沟通，并调节利害攸关方的期望

员工转变

评估组织变革所需的新知识和技能，并通过知识传递和针对性的培训设计帮助企业建立相应能力

图 11-4　IBM 更优变革模型

3. 变革方法

变革方法中影响力比较大的有两个，一是贝克哈德和哈里斯于1987年提出的变革方程式，从心理学视角揭示了企业变革在个体层面生效的内在机理；二是纳德勒和图什曼于1997年提出的变革一致性模型，侧重战略落地执行逻辑。两者共同构建了企业转型"战略—组织—个体"的逐层落地的完整逻辑链。

贝克哈德是组织发展的奠基人之一，其1969年给组织发展所下的定义至今仍引用最多、讨论最广、影响最大。贝克哈德与哈里斯在1987年提出的变革方程式建议领导者在影响变革成败的三大因素上持续发力以确保变革成功，这三大因素分别是对现状的不满、变革愿景、初步实践，用公式表述为 $D \times V \times F > R$，其中：

- D（dissatisfaction），表示对现状的不满；
- V（vision），表示变革愿景，衡量变革成功后的目标状态的期待程度；
- F（first steps），表示初步实践；
- R（resistance to change），表示变革阻力，如变革难度、风险等。

纳德勒和图什曼于1997年提出的变革一致性模型如图11-5所示。

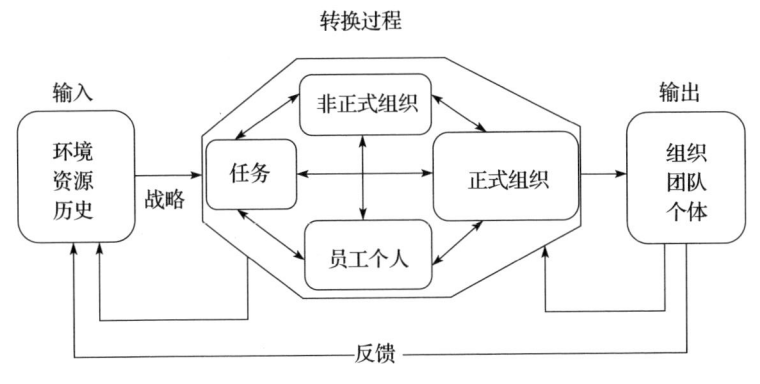

第十一章　跨越周期持续成长：企业转型与变革管理 / 259

图 11-5　变革一致性模型

熟悉 IBM 业务领先模型的读者应当已经看出，变革一致性模型"转变过程"框中的四大要素（任务、员工个人、非正式组织和正式组织）与业务领先模型执行部分的四大要素（关键任务与相依关系、人才、正式组织、文化氛围）高度相似，主要变化是把"非正式组织"替换成了"文化氛围"。背后的原因是，业务领先模型是 IBM 和哈佛大学商学院联合开发的，而图什曼本人就是业务领先模型的主要研发者之一。客观上，IBM 业务领先模型所做的修改不如原版精准，因为与正式组织相对应的是非正式组织，而且业务领先模型后来加入了价值观和领导力，把领导力、文化氛围和价值观三者分离，IBM 自己在业务领先模型的官方培训材料中都给不出一个能自圆其说的解释。

变革一致性模型和业务领先模型对企业变革的启示解读如下：

- 战略落地得先想明白关键任务与相依关系。其中相依关系重点考察两个问题：一是在支持战略落地的价值网络中，企业关键生态伙伴有哪些；二是企业和这些生态伙伴应构建什么样的关系。

- 基于关键任务与相依关系搭建正式组织、招募人才、优化非正式组织。其中正式组织包括组织结构、业务流程、IT系统和绩效激励等。

- 四大因素相互关联、互为因果。以关键任务与相依关系为例，战略固然是决定性的因素，但员工个人、正式组织和非正式组织也是确定关键任务与相依关系时的重要输入，故须一并考量。其他要素，亦复如是。

组织发展、变革管理和变革方法，看似不太相关，实际紧密相连。组织发展中的十大主流实践，每个实践在企业落地都是一个甚至一连串的项目，而项目落地实施的成功，遵循组织发展是基础，想清变革方法是关键，做好变革管理是保障。

变革导航：企业转型成功之要

企业转型失败者众而成功者寡。怎样跨过企业转型的"死亡之谷"？"死磕"固然重要，但如果没有正确理论做指导，再"死磕"，其成败也不过是在"必然王国"里碰运气。

在长期咨询工作的过程中,笔者基于组织发展研究成果,结合自己实践总结出图 11-6 所示的"企业转型导航图"。如图所示,企业转型须在人才活力、组织发展、团队动能、文化建设四大领域推进八项工程,每项工程都不容易,叠加起来,其难度更是可想而知,而这正是企业转型和战略落地的失败案例远多于成功案例的根本原因。

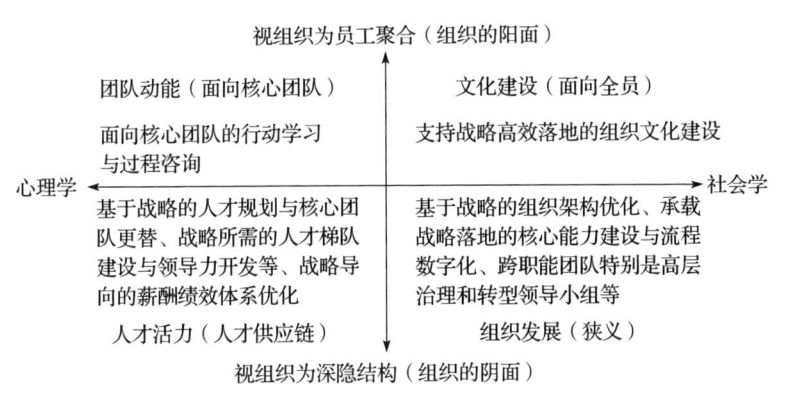

```
                    视组织为员工聚合(组织的阳面)
                              ↑
          团队动能(面向核心团队)    文化建设(面向全员)
          面向核心团队的行动学习    支持战略高效落地的组织文化建设
          与过程咨询
心理学 ←─────────────────────────────────────→ 社会学
          基于战略的人才规划与核心团    基于战略的组织架构优化、承载
          队更替、战略所需的人才梯队    战略落地的核心能力建设与流程
          建设与领导力开发等、战略导    数字化、跨职能团队特别是高层
          向的薪酬绩效体系优化          治理和转型领导小组等
          人才活力(人才供应链)        组织发展(狭义)
                              ↓
                    视组织为深隐结构(组织的阴面)
```

图 11-6　企业转型导航图

基于,笔者将企业转型推进逻辑总结在"企业转型推进表"里,如表 11-1 所示。

表 11-1　企业转型推进表

	最佳实践	变革方法	变革管理
业务	IBM 的业务领先模型与数字化重塑	—	—
资产	年度业务预算		
品牌	客户旅程与关键时刻管理 + 设计思维 + 净推荐值		

续表

	最佳实践	变革方法	变革管理
人才	基于战略的人才规划与核心团队更替； 基于能力的人力资源管理体系/人才供应链建设	变革一致性模型	科特变革八步法、更优变革管理
组织	结构视角下的组织跃迁：从一维到生态的跃迁之路； 组织能力"铁三角"与组织数字化转型："一个集团+透明组织+智慧企业"； 组织动力"铁三角"与基于"钱权名+赋能赋权赋义"的整体薪酬激励； 组织文化中的文化建模+文化测评+文化建设； 组织发展中的跨职能团队如参与式管理、六西格玛等	变革一致性模型	科特变革八步法、更优变革管理
高管团队	团队学习：过程咨询、行动研究、行动学习和正向探询等； 批评与自我批评	变革一致性模型	勒温三阶段变革模型

表 11-1 中的最佳实践、变革方法和变革管理三者之间的关系，简要说明如下：

- 最佳实践：侧重"想明白"，输出变革方案。
- 变革方法：侧重"串清楚"，从战略（找到机会，方向要大致正确）到执行（抓住机会，组织必须充满活力）的关键任务与相依关系、正式组织、文化氛围、人才四条主线"拧麻花"，再到个体行为改变，整体变革逻辑由 IBM 变革方法串清楚，并输出变革行动方案和关键利害攸关者沟通互动计划。
- 变革管理：侧重"做正确"，确保变革项目落地且在落地中持续产出成果。

回到本章主题,企业特别是大企业的重大变革,如战略落地、并购重组和数字化转型之所以成少败多,原因可归结为三个:一是要把横跨多个专业领域的宏大变革项目想明白并非易事;二是缺乏实践验证过、能指导大企业重大变革项目变革成功推行的行之有效的方法,现在大家一谈变革管理想到的就是勒温三阶段变革模型和科特变革八步法,这些方法虽有可取之处,但对企业变革这么复杂的事而言,有些像"把大象装冰箱需要三步"一样,看似正确无比,实则作用有限;三是企业的重大变革都涉及以企业家为核心的中高层管理团队的心智模式重塑和思维方式升级,其难度极大。

基于上述难点,笔者总结的"企业转型导航图"和"企业转型推进表"把企业的重大变革项目从底层逻辑到执行方案,从"想明白"、"串清楚"到"做正确"三个构面,从逻辑到方法再到工具全程全域贯通。变革主导者如能正确掌握上述变革方法,虽然不能保证企业变革一定成功,但至少可以大幅提升复杂且重大变革项目的成功概率,并逐渐从此岸的"必然王国"跃迁到彼岸的"自由王国"。

第十二章

IBM 百年演进史：
组织视角下的转型和跃迁

IBM 是全球 IT 行业唯一超过百年历史的企业，至今已有 100 多年的历史。2023 年 IBM 营收 619 亿美元，利润 75 亿美元，自由现金流 105 亿美元，在全球 170 多个国家运营，共有 28 万多名员工。其主要业务有咨询服务、软件、硬件与基础设施等，其中咨询服务业务占营收的 50% 以上。

IBM 百年演进历程

按照时间线梳理，自 1914 年 IBM 的组织演进经历了五个阶段，如表 12-1 所示。

表 12-1　IBM 的组织演进历程

	1914—1956 年	1956—1993 年	1993—2002 年	2002—2012 年	2012 年至今
人物	老沃森	小沃森等	郭士纳	彭明盛	罗睿兰和阿文德
主题	一路高歌创传奇	领军者—神话—笑话	王者归来	服务巅峰	重新归核
背景	前计算机到大机	大机到 PC	分布计算互联网	移动互联网	人工智能
战略	纵向一体化，销售导向+客户服务	产品为王：IBM S360，IBM 就是服务	企业转型/服务,电子商务	应需而变，智慧地球	数字化重塑，打赢第四次架构之战

续表

	1914—1956 年	1956—1993 年	1993—2002 年	2002—2012 年	2012 年至今
组织	人治+集权型金字塔组织	分权事业部+弱二维矩阵组织	以客户为中心,One IBM+弱三维矩阵	全球整合企业+平台型组织	智慧平台型组织
文化	家族企业与家庭氛围,以人为本,服务客户,追求卓越	从充满活力的创新文化演变为以自我为中心的官僚主义,故步自封,内部山头盛行	以客户为中心,绩效导向,团队+执行+求胜,敏捷	成就客户、创新为要、诚信负责、效率为王	方向大致正确,组织渐失活力

1914—1956 年：老沃森的人治时代

1. 老沃森与 IBM

1911 年，金融家佛林特合并三家公司成立了 CTR，主营天平、磅秤、计时钟和制表机的生产与销售。CTR 的财务与营收增长都不理想，负债累累，濒临破产。与此同时，马斯·沃森（老沃森）被自己工作了 18 年的 NCR 扫地出门。18 年间，老沃森完成了从基层销售到公司高管的逆袭，在业界以业绩一贯优秀而声名鹊起。可惜的是，业绩一贯优秀招来了 NCR 创始人帕特森的忌惮，最终找了个借口让老沃森走人。

1914 年，佛林特邀请老沃森进入 CTR。从初来乍到被排挤,再到1924年把公司更名为IBM,直至1956年去世,老沃森一直服务于IBM。从1914年到1956年,IBM从营收300万美元、员工1 300多人,发展到营收9亿美元、员工56 000多人。老沃森完成了从打工者到老板的逆袭,这无疑是一个奇迹。

2. 从CTR到IBM——管理混乱但业绩优秀的人治时代

尽管自带光环,但初入CTR的老沃森不得不面临三个挑战:一是除佛林特外,董事会成员和管理团队对他并不信任;二是需要迅速改变业绩不佳和亏损的局面;三是既没有"嫡系",也没有"大换血"的机会。

老沃森当然不会束手无策,他通过以下努力逐步站稳了脚跟。一是从自己最擅长而其他高管都不擅长的销售入手,重组销售团队,打造销售铁军,迅速让公司扭亏为盈,走上连年高增长的快车道。二是高度重视产品研发,通过纵向一体化不断提升产品在市场上的竞争力。三是发挥自身在公关和人员管理上的优势,通过内训等,建设以人为本、服务客户、追求卓越的组织文化。

从组织上看,老沃森时代的IBM有以下两个特征:一是表面上看公司是规范的金字塔结构,但旗下的三家公司形式上依然保持独立运营,有各自小而全的直线职能式架构,没有严格意义上的集团总部。二是随着公司规模增大和老沃森威望不断提升，公司组织越来越乱，基本处于人治状态，大小事务取决于老沃森，尽管老沃森拥有的股份不超过5%，但二战后IBM已经成了不属于家族企业的家族式企业。

为什么说IBM是人治状态呢？我们举几个例子：一是老沃森非常痛恨岗位职责和工作说明书，认为岗位职责会让自己和公司失去灵活性。因为他随时可能会让工厂经理去搞定销售，也会让销售经理去工厂解决生产问题。二是在小沃森接任总裁后，IBM仍有40多个并不在同一职级的人直接向老沃森汇报。三是拒绝授权，即使是自己的儿子也不例外。他在评价小沃森花了很长时间研究出来的组织变革和授权方案时说，如果权力这样下放，他这个董事长还不如去做一个销售员。四是小沃森1952年任IBM总裁，分管美国国内业务，小沃森的弟弟迪克任世界贸易公司一把手，分管IBM的海外业务。五是高度重视文化建设，公司文化氛围好、员工士气高、组织活力强。

老沃森时代的IBM是人治状态，既是老沃森刻意为之，又是其性格使然。刻意为之源于老沃森赢得股东博弈胜利的需要。作为一个入职即被排斥且有巅峰时被老板扫地出门经历的职业经理人，实现公司业绩持续一枝独秀、客户和员工都满意、公司管理除自己驾轻就熟外其他人都看不清和搞不懂这三点，足以保证自己的地位，因为即使老板或股东对他不满意，但为公司着想也不会轻易换人。性格使然源于老沃森的人生经历和性格特质。老沃森是典型的家长式领导，具有极强的控制欲和权力欲，精力旺盛，脾气暴躁，唯我独尊，读书不多，靠个人天赋和努力成功，信奉个人英雄主义，享受在聚光灯下的感觉，看不到组织的力量，看不起科学管理，尤其是被 NCR 扫地出门的经历更加强化了这些特点，终其一生他都极力避免大权旁落，不只是自己的权力不旁落，也包括公司控制权不旁落到非沃森家族之手。

1956—1971 年：小沃森的经典传承

1. 小沃森与 IBM

与老沃森不同，小沃森从小养尊处优，大学毕业后到 IBM 工作。在 IBM 做了三年销售，业绩一般，口碑不好，父子对立，对公司和父亲心存怨恨。之后在二战中成为空军飞行员，官至中校，退役后重新回到 IBM，1952 年任总裁，1956 年接任董事长，全面掌管公司。

2. 从集权到分权——蓝色巨人的诞生

老沃森在 IBM 的成功，对小沃森而言，既奠定了沃森家族在 IBM 的地位，也带来了挑战。一是来自市场的挑战，因为在小沃森接手时，IBM的传统产品已开始走向没落，对于由科技驱动的计算机业务，要做到产品始终领先不是一件容易的事情，在1964年S360发明以前，IBM的产品好几次落后于竞争对手，只能依靠公司强大的销售团队和服务能力胜出。因此，打造独步天下的综合竞争优势，用业绩证明自己不比父亲差，是小沃森面临的第一个挑战。二是如何化人治为法治，化家族企业为现代企业，建构优秀组织，淡化个人英雄，让优秀文化驱动IBM永续前行。

小沃森的成功，证明他在应对上述两个挑战时交出了满意的答卷。1964年，小沃森领导IBM投资50亿美元豪赌S360一战成名，打造出IT史上划时代的伟大产品，使IBM在此后近30年靠产品优势独行天下。1956年启动组织变革，IBM从集权制走向分权制，依靠制度和组织的力量，使IBM即使在小沃森退休后也持续保持了近20年的领先地位。

关于组织变革，小沃森主要做了五个方面的工作：一是构建六个事业部加一个世界贸易公司的组织架构。六个事业部中，两个事业部专注于产品销售与客户服务，一个服务于美国政府，一个服务于美国国内商业机构。另外四个是产品事业部。事业部相对独立运行，权力下放。世界贸易公司负责IBM海外产品销售与服务，由小沃森的弟弟迪克主掌。二是构建由核心高管组成的公司管理委员会，负责公司战略方向与整合运营，同时打造"业务+职能"两支队伍，业务线对业绩结果负责,职能线追求专业领域全球领先。三是高度重视文化管理和经理人员的培养,将 IBM 的核心价值观总结为"服务客户、尊重个体、追求卓越",把培训对象从老沃森时代的销售人员扩大到全体员工,尤其重视经理人员的培养。四是大规模引入藤校优秀毕业生,敢于提拔和重用与自己唱反调但非常有才华的年轻人,反对使用唯唯诺诺的"好好先生",提出并亲自践行企业要珍惜"野鸭子"的做法。五是建立并率先执行退休制度,1971 年急流勇退,舍弃业绩能力均突出的弟弟迪克而交棒给职业经理人,同年退休,从此再也没有进入 IBM 总部大楼。

从小沃森 1956 年全面接棒到 1971 年退休,IBM 营收从 9 亿美元增长到 83 亿美元,15 年间平均年利润率高达 13%,1971 年市场占有率高达 70%,开启了"IBM 和七个小矮人"的蓝色巨人之无敌时代。沃森父子的接班与交替,也成为美国商业史上前无古人、后无来者的传奇。

1971—1993 年:危机在盛世中埋下

1. 盛世之盛——小沃森余荫未了

从 1971 年小沃森退休到 1993 年郭士纳临危受命的 22 年

间，IBM先后经历了利尔森、卡里、奥佩尔和阿克斯四任董事长。这个过程可分为两个阶段。第一阶段是利尔森、卡里和奥佩尔期间，IBM营收从83亿美元增长到了500亿美元，收入增长了4倍而员工人数却只增加50%，利润率平均增长14%以上，是IBM历史上最辉煌的时期。

这一切荣耀要归功于小沃森，是小沃森时代打造的护城河的作用。组织架构从集权到分权，让每个单元都有充足的动力在市场上竞争，充分释放了组织内部优秀人才的企业家精神。S360开启的产品和技术优势，老沃森开启的研产销一体化，以及由老沃森开启、小沃森强化的"IBM就是服务"的一体化竞争策略，让IBM成了IT行业的"寂寞高手"。老沃森打造了行业里无可匹敌的销售团队，小沃森大量招聘藤校优秀毕业生和大规模培训领导干部和技术人才，打造了行业首屈一指的人才团队。老沃森开启了尊重员工的文化，小沃森强化了这种文化，而利尔森和卡里深受老沃森和小沃森的影响，是IBM文化的忠实坚信者、坚定践行者和铁杆弘扬者，使IBM成为当时全球IT人才最向往的高地。

2. 危机之危——内外交困

第二个阶段是阿克斯主政时期。虽有1990年的高光时刻，即营收690亿美元和利润60亿美元，但在其整个主政期间利润率从未超过 9%，1991 年到 1993 年连续三年累计亏损 168 亿美元，创下了当时美国和全球的最高纪录，IBM 一度濒临倒闭。

为什么如日中天、独步天下的 IBM 会在短短几年里从巅峰逆转至破产的边缘？其背后的原因我们可以概括为内外交困。

外因主要表现为两个方面。一是 1969 年由美国政府发起的对 IBM 长达 17 年之久的反垄断调查。虽然政府最后放弃拆分 IBM，但这个事件给 IBM 带来了严重的负面效果，不仅消耗了 IBM 大量的精力和财力，而且 IBM 因为害怕反垄断调查而束缚住了手脚，主动放弃了开发 DOS 系统等发展契机，反垄断调查迫使 IBM 在 PC 上市仅两个月就公开标准甚至是细节，使 IBM 彻底丧失了产品和技术先驱的地位，不得不面对自由竞争激发出来的千万个竞争对手。二是尽管 1981 年 IBM 进入 PC 行业，开始在 2C 和 2B 领域同时出击，1983 年 IBM 甚至在个人电脑上的市占率高达 80%，但后来的快速陨落证明，IBM 在个人电脑上的短暂成功有很大的偶然性，本质上归因于 IBM 资源和品牌实力远非竞争对手如苹果之所及，而非自身对 C 端市场的理解及建构在此基础上的产品研发与运营模式。

外因通过内因起作用，上述两个外因之所以能对 IBM 产生摧枯拉朽式的影响，归根结底还是 IBM 内部已经产生了衰落的基因。这主要表现在三个方面。一是组织能力成长速度远远落后于其所需要处理的内外部环境的复杂度。技术以十倍速进步，产品线不断增加，产品组合五花八门，同时在全球 150 多个国家和地区的 2B 和 2C 两条线上与众多对手竞争。如此复杂的组织，IBM 仍沿用事业部模式，一方面对各事业部放权，化整为零，另一方面总部又非常强大，更多是管控的官僚而非赋能的服务，这就导致事业部只能在各自领域戴着镣铐竞争。比如向美标降价出售 6 000 台微机的内部合同与法律流程历时一年多，产品研发层层审查，以至于 IBM 内部调侃"产品不是发布出来的而是从审查中逃出来的"。因此，当组织本身非常复杂且要处理的问题也非常复杂，而组织却不能同步进化出一套行之有效的方法对冲复杂性时，那么组织就已经触碰到了天花板。二是企业家精神的丧失。与老沃森和小沃森均把 IBM 当成自己的身家性命经营相比，接下来的四任职业经理人均持股不多，而且都是内部培养起来的"学生军"。奥佩尔和阿克斯都出自销售条线且曾给高管长期做行政助理，这样的职业经历看上去很光鲜，但对技术、产品、战略却缺乏洞见，做助手和守城的一把手非常好，开疆拓土却不是他们的强项。IBM 进军 PC 市场后，整个 IT 行业已是树欲静而风不止，不是 IBM 想守成就能守得住的。三是文化僵化。自 1914 年老沃森入主 IBM 后，两代沃森铸造了 IBM 的成功，也让 IBM 逐渐自以为是，故步自封，活在自己精心构建的世界里，远离了客户与市场。组织上，各自为政，内斗内行，外斗外行，以至于 1993 年董事会在考虑接任者时，其中很重要的一条要求是，接任者要有高超的政治手腕以整合内部 113 位 CEO。管理上，实行家长式领导，忠诚和年资重于绩效和能力，平均主义盛行。产品研发上，虽然有很多发明创造，但找不到市场与客户，经常是"起个大早，赶个晚集"。

实际上，如果仔细梳理后续四任董事长在组织管理上的作为，如建立创新事业部、拆分世界贸易公司、改革领导组织等，无一例外都是小沃森时代组织架构从集权到分权思想的进一步延续，而源自老沃森时代的从内部提拔人才，重销售和研发、轻管理等做法又让 IBM 内部无法培养出郭士纳那样的人才，既无组织管理变革的动力，也无推动和实施组织变革的人才，组织管理落后于内外环境变化已是必然。

1993—2002 年：起死回生

1. 郭士纳的变革之路

1993 年，郭士纳空降担任 IBM 的 CEO 兼董事长，其时 IBM 被很多人形容为"一只脚已经踏进了坟墓"，并且人们一致认为，IBM 太大且业务太复杂了，所以最好的出路是拆分成多个企业各自闯市场。

对郭士纳而言，当时摆在他面前的三个挑战，一是迅速扭亏为盈，二是找到 IBM 新的发展方向，三是推动 IBM 组织转型与文化变革。后来的事实证明，郭士纳交出了优秀的答卷，他给出了三个答案：通过裁员、削减产品线、压缩成本等方式铁腕止损，1994年IBM成功扭亏；提出电子商务战略，推动IBM从产品向服务成功转型；建设以客户为中心的敏捷文化，推动以"One IBM"为中心的组织转型。

在郭士纳空降前，IBM是弱二维金字塔结构，国内以产品线为主，国外以地区为主，条块分割，各自为政，内耗严重。但是经过和客户深度沟通，郭士纳意识到，市场不需要拆分后各自为战的小IBM，因为从各个细分领域看，IBM并没有优势，在任何一个领域客户都能找到可替代的产品和服务，但客户真正需要的是IBM这样在"技术+商业"两方面都有着深厚积累的企业帮助他们推进信息化建设，即客户需要能帮他们解决现实商业问题的整合解决方案和交钥匙工程。

那么，IBM如何实现从为客户提供产品向提供整体解决方案的转型呢？背后需要三个支撑：一是战略重心从产品转向服务的转型；二是从分散割裂、自我为中心的官僚组织结构向整合一体、以客户为中心的敏捷组织的转型；三是以客户为中心、敏捷求胜、团队共赢的组织文化转型。

2. 组织转型——从金字塔结构到矩阵式组织

关于组织转型，郭士纳做了三件事。

一是组织结构变革。郭士纳主导的组织架构变革主要体现在三个方面,一是按产品、地区和行业建立三维矩阵组织,产品和地区为主,行业为辅。二是将服务单列为事业部,同时设立销售与渠道部,且按事业部制运作。三是从三条主线切入,构造赋能型强总部:(1)把面向客户"打粮食"的职能下放到事业部甚至一线,以降低企业决策重心,确保快速呼应客户。(2)基于战略落地和高效运营之需,强化纵向管控的专业职能如人力、财务、审计、法务、市场等,以确保"一个IBM"落地。(3)把业务部门需要但却做不好和成本高的职能集中到总部,由共享服务中心和专家中心为业务部门提供高效服务与运营支撑。

二是基于三维矩阵强化项目管理,优化以"业财人一体"为目标的资源分配与项目管理机制,打造以客户为中心的平台型组织,在支持一线敏捷服务客户的同时推动公司全要素生产率的不断提升。

三是按流程横向端到端拉通组织,以机制和系统等硬体系为载体支撑"以客户为中心"和"一个IBM"等软理念,确保转型真正落到实处。1994年,IBM在财务对标中发现,IBM的运营成本比竞争对手高9个百分点,由此引发了IBM对自身流程的梳理。前端以IPD、ISC和OTC(从订单到回款)为主,后端以人力、财务为主,把业务转型和信息化结合在一起,通过流程优化和信息化建设,着力打造不依赖英雄、由IT固化和赋能的无形流水线,推动公司高效运营。这一做法和经验之后被 IBM 的咨询服务部门总结为 IBM 在咨询业务上最具差异化竞争优势的产品。

3. 文化转型——从以自我为中心的官僚文化到以客户为中心的绩效文化

与组织转型相比，文化转型更底层，因而也更难。用郭士纳的话讲，如果不是迫不得已，他根本就不会去碰这杯苦酒。但是郭士纳也说过，文化不是游戏的一部分而是游戏本身，所以他又不得不硬着头皮推动文化转型，即从以自我为中心的官僚文化转型为以客户为中心的绩效文化。

在文化转型上，郭士纳以下三个方面可圈可点。一是通过要求高管与客户结对并全程参加年度客户大会、持续高密度走访客户和倾听客户声音等做法，传递"以客户为中心"的文化基调。通过自己经常直接与员工沟通等方式，打破层级森严的官僚文化。二是废除 IBM 执行了数十年的核心价值观，将核心价值观重新提炼为激情、求胜、团队、执行，通过强调领导以身作则、基于核心价值观构建领导力模型并通过干部培养与选拔、将价值观纳入 PBC 考核等方式将核心价值观融入员工实际工作。三是基于绩效结果拉大收入分配差距和提拔人才，打破平均主义，推动从以自我为中心的官僚文化向以客户为中心的绩效文化的转型。

4. 矩阵组织浮出水面

IBM 的矩阵组织非常复杂，下面从微观、中观和宏观三个层面解读。

微观层面是指客户层面。IBM 的客户主要在 B 端，对于类似宝马这样的大客户，IBM 有三条线在"看"或者经营，分别是行业线、区域线和产品线。行业线是指对宝马这样的战略客户，IBM 有专门大客户经理甚至大客户团队负责对接与经营，战略客户外的一般客户，则由客户经理对接，只不过该客户经理会对接行业中的一批客户而并非只一家。区域线是指有客户经理对接宝马中国。产品线是指 IBM 产品事业部如服务、软件、硬件等部门，都有相应人员负责客户经营。三条线各有定位，行业线负责聚焦客户整体解决方案定制，区域线负责客户关系经营，产品线负责完美交付。华为大名鼎鼎的"铁三角"即源于此。

中观层面是指职能部门和事业部层面。我们讲三个例子。一是人力资源部分为共享服务、专家中心和业务伙伴三条线。共享服务中心设在匈牙利、菲律宾等地，由总部直管。业务伙伴按区域和产品线设置，虚线向业务汇报，实线向职能汇报。专家中心主要指设在总部的人才发展、薪酬福利等部门，主要功能是制定政策并赋能业务伙伴。需要特别指出的是，IBM 人力资源部没有绩效管理部门，岗位序列中也没有绩效管理序列或角色。因为，IBM 坚定认为直线经理是人力资源管理的第一责任人，人力资源部在绩效管理上的职责主要是搭平台、给工具、定政策、提要求、赋能力，因而绩效管理职责纳入了人才发展中。二是 IBM 销售部门叫销售与分销部门，按区域和行业设置成二维矩阵。区域线如北美、欧洲、日本和成长市场等，行业线如金融、工业、分销、公用、电信等。三是基于战略需要和业务特性设置产品线。产品事业部采用矩阵组织，以全球服务事业部为例，一维是行业线，一维是区域线，一维是交付线。行业线和区域线与销售部门相对应，交付线与产品和服务组合相关，如 SAP 实施、技术战略（IT 规划）等。

  宏观层面重点指集团管控。总部垂直管理战略、市场、供应链、人力、财务、信息技术、法务等职能。产品事业部集研产销服供、人财 IT 等一体，财务单独核算，相对独立运营。"研"分两层，一层是总部研究院，负责前沿技术、基础技术和共性技术研发，旨在从技术上孵化培育未来的新业务；另一层在事业部，以市场为导向，聚焦客户需求，推陈出新，重点解决应用和共性问题，确保产品在市场上的领先优势。"产"即生产与交付。"服"即客户服务，均由事业部自己负责。"销"是指考虑到不同产品事业部的客户资源重叠较大，故集团设销售与分销部门，旨在整合各产品事业部资源与能力向客户提供能更好体现 IBM 整体优势的整体解决方案；同时产品事业部也有自己的销售团队，在销售与分销部门协同下开疆拓土。"供"指由事业部提需求，由集团集成供应链部门统一运作以获取规模优势。人力、财务、IT等职能部门在事业部设业务伙伴，并向业务领导、区域伙伴和职能部门三条线汇报。总部通过三条线驱动组织协同运营：一是"战略—预算—绩效"闭环，IBM称之为春季计划和秋季谋划；二是端到端的流程及固化流程的信息系统；三是高管组成的各类委员会。

5. 为什么是矩阵式组织结构

为什么IBM选择矩阵式组织结构？背后的原因有三个。

第一，源于战略落地的内在需求。郭士纳接手IBM后，IBM的战略是从产品向服务转型，旨在为客户提供最优整体解决方案，这意味着在面向同一客户时，IBM需要协调整合多条产品线以达到为客户提供整体解决方案的目的。因此，如果只有产品事业部，而没有区域线和客户线，那么在客户界面上就会不可避免地出现产品事业部各自为政甚至相互竞争攻击的局面。这不但会造成资源浪费，而且客户感知非常不好。如果只有区域事业部，没有产品线和客户线，那么产品研发、经营部门与客户的触点就会断开，不利于产品持续优化与进化。而矩阵式组织恰好能结合这两者的优点，规避两者的缺点，但前提是三条线确实能够实现协同。

第二，以客户为中心，打造敏捷组织、快速呼应客户的需要。金字塔式的科层组织一级管控一级，信息逆向屏蔽，企业在相互猜疑和上下博弈中内卷。矩阵式组织下，行业、区域、产品三条线从不同角度看同一片责任田，寻找机会和做预算时，三条线各自立场不同，考核点也不同，信息透明和互相竞争攻击的问题自然消解。因此，矩阵式组织看起来比科层组织复杂，但因信息透明，故而能向下赋权并降低组织决策重心，让企业对客户的问题与机会判断更准确、反应更迅速、组织更透明。

第三，人才培养和激励的需要。以大客户经营为例，如果只由事业部经营，这就需要客户经理同时负责个性化方案定制、产品和服务交付、客户服务三个方面的工作，培养这样的全能型人才的难度可想而知，而且即使真培养了这样全能的人才，一旦离职，短时间内补员也不是一件容易的事情。但是矩阵式组织下，区域、产品、行业三条线各有关注点和侧重，既有利于通过精细分工让员工长期专注于某节点而成为专才，缩短人才培养周期，降低人才培养的难度，同时也弱化企业对英雄的依赖。另外，矩阵式组织下，员工需要同时向多个老板汇报，表面看很复杂，实质上弱化甚至消除了科层组织下上级对下属的单向掌控，工作场所民主及人格平等就此产生，这对知识型员工内在动机的激发至关重要。

6. IBM 的复杂矩阵如何协同

矩阵组织能解决复杂组织的很多问题，但这是有前提的，即组织要有很强的团队协作文化。但是想通过在招聘环节引入有团队精神的人或通过培训塑造员工的协作奉献意识等方法实现这个前提，毫无疑问是走偏了，因为上述方法可能短期有效，但对绝大多数人一定长期无效。

针对破解矩阵式组织的协同难题，IBM 给出的答案是：定位、流程、绩效。定位解决各条线工作产出之于企业的价值问题，这是初心；流程解决大家在工作中协同的方法与规则问题，这是路线；绩效解决目标牵引问题，这是动力。相比而言，人人都强调的协作文化，是结果而非机制或方法。在没有机制的前提下，试图通过解决人来解决跨部门协作问题，基本上也都是短期也许有效，长久只会更乱。

第一，明确定位，各司其职。矩阵式组织最大的特点是部门之间纵横交叉，纵横交叉的目的是协同，并且是在各自职责、目标、使命清晰的前提下协同。IBM 很好地解决了这个问题，如表 12-2 和表 12-3 所示，横向的产品线、区域线、行业线和渠道线各自职责不同，纵向的总部、大区、小区、专家中心和共享服务中心定位不同。

表 12-2　IBM 横向条线职责和定位

序号	横向分工	主要职责和价值定位
1	产品线	创新，打造出让客户满意和不能拒绝的产品
2	区域线	执行，攻城拔寨和"打粮食"
3	行业线	经营客户知识如客户需求洞察，解决方案定制和客户关系增进等
4	渠道线	打造生态，伙伴天下

表 12－3　IBM 纵向部门职责和定位

序号	纵向分工	主要职责和价值定位
1	总部	定战略，指方向
2	大区	领导和激励小区打胜仗，看重领导力
3	小区	服务客户"打粮食"，要的是结果
4	专家中心和共享服务中心	效率

第二，流程拉通。流程是完成任务的最佳实践，是过往经验的总结与沉淀。图 12－1 是 IBM 的商机流程，展示了从发现商机到满足客户需求过程中不同部门不同角色是如何分工协作的。围绕客户采购过程，IBM 的销售流程分为关注、发现、确立、确认、有条件一致、赢、实施七个环节，然后基于握手规则清晰表达和界定与销售有关的行业销售/区域销售、产品负责人、解决方案负责人、销售支持四类角色在销售流程中每个

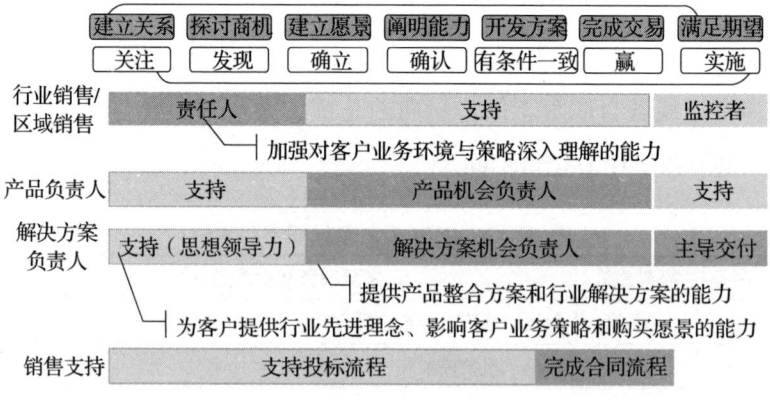

	建立关系	探讨商机	建立愿景	阐明能力	开发方案	完成交易	满足期望
	关注	发现	确立	确认	有条件一致	赢	实施
行业销售/区域销售	责任人		支持				监控者
		加强对客户业务环境与策略深入理解的能力					
产品负责人	支持			产品机会负责人			支持
解决方案负责人	支持（思想领导力）			解决方案机会负责人			主导交付
			提供产品整合方案和行业解决方案的能力				
		为客户提供行业先进理念、影响客户业务策略和购买愿景的能力					
销售支持		支持投标流程				完成合同流程	

注：当 IBM 输单时，由行业销售/区域销售牵头进行复盘和输单分析。

图 12－1　IBM 的商机流程

环节中的定位、职责与核心能力，通过流程中内嵌的表单、工具、规则等传递信息、连接角色，化理念要求和价值目标为承载了过往经验的流水线，实现高效协同和赋能，人机共进，协同前行。

第三，绩效激励。尽管行业、区域、产品三条线在销售流程中定位和职责各异，但是在分解销售收入目标和核定销售业绩时，三条线都是荣辱与共的，如打单成功后每条线都会记上相同数字的业绩，这样大家自然"心往一处想，劲往一处使"，原先金字塔式组织下的一台发动机就变成了三台发动机，而且每台发动机都是"不待扬鞭自奋蹄"。

综上所述，郭士纳执掌 IBM 八年，IBM 起死回生，对中国企业而言，最有价值的应该是从弱二维的官僚组织向基于更多维矩阵的生态平台型组织转型的成功实践。学得最好的是华为，这个过程被形象地称为"拧麻花"。

2002—2012 年：王者归来

1. 彭明盛的接棒之路

郭士纳在位的时候，不但成功把 IBM 从破产边缘拯救回来，而且重新回到 IT 行业的王者地位。2003 年，彭明盛接手的是一个蒸蒸日上、非常优质的 IBM。彭明盛要做的事情就是萧规曹随，沿郭士纳开辟的转型之路继续奋进。

战略方面，继续加速从产品向服务的转型，提出"On Demand"战略，力推"智慧地球"。2002 年，IBM 以 35 亿美元并购普华永道咨询部门，一跃成为全球规模最大、产品组合最全、最有影响力的咨询机构。2004 年，IBM 出售 PC 业务，聚焦 2B，持续走向价值链高端。组织方面，继续推进"一个 IBM"，并将其升级为"全球整合企业"。文化方面，通过"价值观大讨论"重新总结和提炼 IBM 核心价值观为"成就客户、务实创新、诚信负责"。彭明盛在位十年，IBM 的营收与利润从 2002 年的 812 亿美元和 36 亿美元，分别增长到 2011 年的 1 070 亿美元和 163 亿美元，达到 IBM 历史巅峰，之后一路下跌，可以说彭明盛创造了 IBM 历史上的高光时刻。

站在今天评价彭明盛在 IBM 做的三件大事，组织转型和文化重塑可谓管理之经典案例，以至彭明盛退休时，《哈佛商业评论》专门撰文，说如果管理学界有诺贝尔奖，那么彭明盛是当之无愧的不二之选。但在战略方面，其力推的"智慧地球"则再一次陷入了"起个大早，赶个晚集"的境地。

为什么 IBM 能前瞻性地预判产业方向，但却完美错过自己预判的产业机会？华为曾经给过一个经典的解释——IBM 严重缺乏以企业家精神为内核的组织活力。

本章接下来重点阐述彭明盛主推的"全球整合企业"。

2. 全球整合企业

全球整合企业，简称 GIE。如果说"一个 IBM"是在三维矩阵架构上，通过横向端到端拉通流程更好地支持以客户为中心的产品向服务的战略转型，那么 GIE 则是先将组织解构为资源和能力的集合，再基于"正确的任务、正确的地方、正确的技能"的原则，把 IBM 重构为以客户为中心的组件化企业，大幅降低企业决策重心以支持"On Demand"战略落地。用华为的说法是构建"敏捷前台+强大后台"的"平台+铁骑"生态平台模式，"让听得见炮声的人呼唤炮火"。全球整合企业架构见图 12-2。

全球整合企业的精髓，彭明盛概括如下：我们再也不需要在每个国家从天花板到地板整体复制 IBM 了，我们在全球正确的地方优化关键运营以消除资源和人员冗余，并以全球视角横向整合优化后的运营。简而言之，就是在正确的地方、部署正确的技能、做正确的事。

3. IBM 如何打造全球整合企业

全球整合企业构建过程虽然复杂，但底层逻辑很简单。简而言之，就是围绕客户需求部署能力。直接为客户创造价值的资源与能力部署在前端，确保前端能敏捷响应和高效作战的能力则集成部署在后端公共平台上，如图 12-3 所示。后端的能力，

290 / 企业成长的逻辑

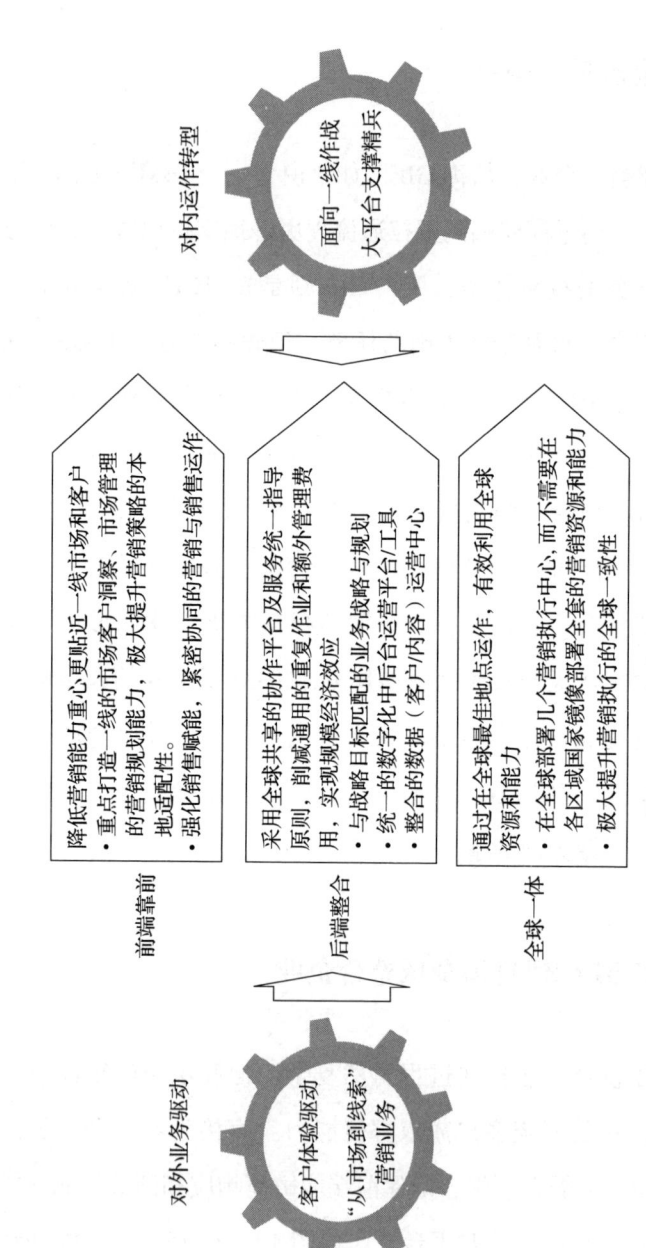

对内运作转型
- 面向一线作战
- 大平台支撑精兵

前端靠前
- 降低营销重心更贴近一线市场和客户
- 重点打造一线的市场客户洞察、市场管理的营销规划能力,极大提升营销策略的本地适配性。
- 强化销售赋能,紧密协同的营销与销售运作

后端整合
- 采用全球共享的协作平台及服务统一指导原则,削减通用的重复作业和额外管理费用,实现规模经济效应
- 与战略目标匹配的业务战略与规划
- 统一的数字化中后台运营平台与工具
- 整合的数据(客户/内容)运营中心

全球一体
- 通过在全球最佳地点运作,有效利用全球资源和能力
- 在全球部署几个营销执行中心,而不需要在各区域国家镜像部署全套的营销资源和能力
- 极大提升营销执行的全球一致性

对外业务驱动
- 客户体验驱动
- "从市场到线索"营销业务

图 12-2 全球整合企业架构

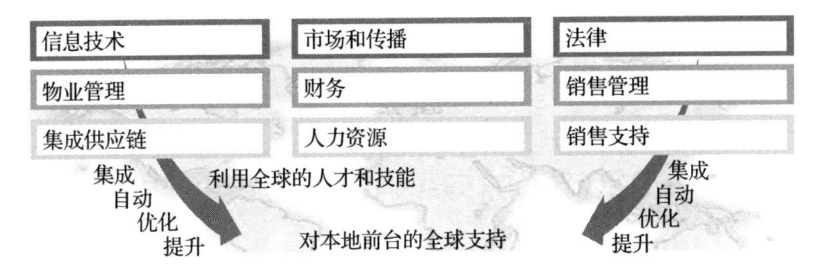

```
┌──────────┐  ┌──────────┐  ┌──────────┐
│ 信息技术  │  │市场和传播│  │  法律     │
├──────────┤  ├──────────┤  ├──────────┤
│ 物业管理  │  │  财务    │  │ 销售管理 │
├──────────┤  ├──────────┤  ├──────────┤
│集成供应链 │  │ 人力资源 │  │ 销售支持 │
└──────────┘  └──────────┘  └──────────┘
      集成      利用全球的人才和技能      集成
      自动                               自动
      优化                               优化
      提升      对本地前台的全球支持     提升
```

图 12-3　IBM 全球整合企业的构建逻辑

既包括人力资源、财务、市场等，也包括前端一线团队服务客户所需的产品研发与交付支持。后端能力通过集成、自动、优化、提升和数字化平台结合，建构起组织强大的后台力量。

4. 全球整合企业给 IBM 带来了怎样的成效

全球整合企业建设给 IBM 带来的成效，主要表现在营收增长、业务优化、成本节省三个方面。

2002 年到 2011 年，IBM 的营收从 812 亿美元增长到 1 070 亿美元，每股盈利从 3.13 元增长到 13.44 元。硬件、金融、服务和软件四大业务的利润占比从 2002 年的 24%、11%、40% 和 25%，优化到 2010 年的 8%、9%、39% 和 40%。软件和服务高毛利业务的占比大幅提升，业务组合显著优化，IBM 走向高利润区。通过共享服务、端到端流程打通和整合运营，节省了大量成本，仅 2010 年就节省了 62 亿美元，而在 2006 年，这个数据仅为 15 亿美元，也就是说，通过全球整合企业的努力，多节省了47亿美元，相当于当年营收的4%。

2012—2020年：方向正确，脚下泥泞，艰难探索

1. 罗睿兰的数字化之路

2012年彭明盛退休，接任者罗睿兰是IBM历史上第一个女董事。和彭明盛一样，罗睿兰也是IBM内部培养的，她所面临的挑战是人工智能时代的IBM将何去何从。罗睿兰的答案是全面数字化。

罗睿兰给出的方法是业务数字化和组织智慧化。一是将公司战略重点调整为云和认知计算（人工智能），把IBM重新打造成真正的高科技企业。二是以340亿美元收购软件公司红帽，补齐IBM在云计算时代的底层短板，或者说强化在云计算时代的底层基座。三是用数字技术构建和打造看不见的流水线，进而赋能员工，实现组织智慧化。

可惜的是，到2020年罗睿兰退休时，IBM营收和利润分别从她接任时的1 070亿美元与163亿美元下降到736亿美元和56亿美元，再一次陷入"起个大早，赶个晚集"的魔咒。

背后的原因主要有三个。一是与战略方向相匹配的产品力不够强。起于郭士纳时代的从产品向服务转型的战略，尽

管使 IBM 成功扭亏为盈并达到历史上的高光时刻，但同时也消除了 IBM 的产品和技术基因，IBM 已经沦为销售导向型的组织，缺乏核心产品力。二是战略转型步伐有些大，节奏没有把握好。IBM 最大的业务板块是咨询业务，而且咨询业务因为和客户高层接触紧密而具有强黏性，对其他业务有很强的乘数效应。可惜在新战略方向下，咨询业务成了鸡肋，实际扮演着现金牛的角色，甚至有被边缘化的迹象。不但咨询业务本身长期乏力，而且对企业业务也构成了负向乘数效应。三是用产品思维模式运营服务业务。罗睿兰时代咨询业务的思维还是流程导向的产品思维，这是 IBM 在咨询业务领域被埃森哲超越的核心原因。

2. 智慧组织的本质

单从组织架构看，罗睿兰时代的组织架构与郭士纳时代的架构相比，并没有明显的变化，如区域、产品和行业的三维矩阵结构，由运营组、绩效组、增长与转型组、战略组、技术组、客户体验组、智慧企业转型组七个委员会构成的高管治理结构。七个小组和端到端流程转型以及春季计划和秋季谋划一起，确保公司"力出一孔，利出一孔"：流程从机制出发，相对稳定；高管委员会则从事件出发，非常动态；春季计划和秋季谋划聚焦目标确定与逐层分解，稳如时钟。这说明智慧组织的关键并不在于组织架构的变化。

智慧组织的要点有两个，一是知识管理和知识图谱，IBM在这个方面做得可谓极致，本书不详细展开；二是流程数字化，其成果体现为"智能工作流"。这个说法有些抽象，我们用三个例子说明。

一是IBM基于员工上网行为、过往绩效、薪酬水平等20多个指标，构建了员工离职风险预警模型。通过该模型系统能准确判断员工离职倾向，并触发后续的主动留人流程。

二是财务管理中的战略绩效管理。IBM的战略绩效管理系统，不仅"可见"，即在大屏上以红绿灯的方式，形象显示公司及下属关键业绩指标及预警，而且"可荐"，即基于业绩问题分析推送过往解决这个问题的类似经验，还能"可预见/荐"，即结合内外部数据预测未来半年的业务趋势，并据此测算资源缺口与冗余，为业务部门制定应对策略打足提前量。

三是分公司开办中的"Office-in-a-Box"，即把分公司开关及运营的相关职能内置在一个平台上，使在国外开办一个分公司的时间从3个月缩短到1周。

2020年至今：从蓝图到现实，未来可期

2020年罗睿兰退休，阿文德接任。同彭明盛和罗睿兰一

样，阿文德也是 IBM 内部培养起来的。阿文德最大的使命和挑战，是把罗睿兰勾画的战略蓝图转化为业绩现实。从他上任这几年看，IBM 战略仍是沿着罗睿兰设计的方向前行，且力度更大。如把 IBM 一分为二，把创新性不强、增长前景不是很明朗的基础设施服务业务从 IBM 拆分成新公司勤达睿（Kyndryl）等。

阿文德领导下的 IBM 未来会怎样？很难预测，回到 20 世纪 80 年代的高峰时刻恐怕希望不大，但是作为一个文化和机制都相对健全的百年企业，只要领导人不犯方向性错误，相信其在未来的 IT 行业中依然会有不可替代的一席之地。

笔者作出上述判断时是 2022 年初，现在是 2024 年，现在看，上述判断依然正确：阿文德主导的 IBM 在"打赢第四次架构之战"的路上越行越稳，业绩重拾增长之势。不出意外，这家在变化极快的 IT 行业中已经存活了百年既"老"且"大"的企业，应当还能继续辉煌很多年。

IBM 百年组织转型的经验与启示

1. 战略、组织、文化——领导者的三大必修课

IBM 百年演进史中各阶段的转型要点可总结为"1+3"，其中

1是企业家精神，3是战略、组织和文化（见图12-4）。战略，决定企业做什么，核心要点是"方向要大致正确"。组织，决定把个体联接起来以冲锋陷阵的队形，数字化时代下演进方向是智慧组织，核心是"一即一切，一切即一"。文化，与领导力一体两面，决定企业培养什么样的人，要点是"三观一论"，即世界观、价值观、人生观和方法论。企业家精神，决定战略、组织以及文化的缘起，要点是熊彼特的"创造性毁灭"。战略、组织和文化是企业家心性的外显，企业纷繁万象由此而生。企业规模越大，对领导人抽象思维能力与心胸格局的要求就越高。

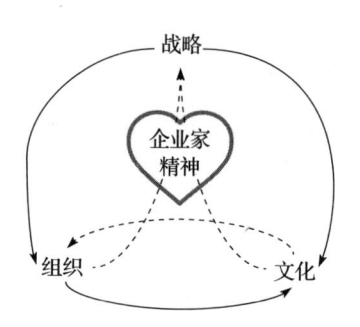

图 12-4　IBM 百年演进史中各阶段的转型要点

大企业的企业家应当聚焦战略、组织和文化三件大事。战略是方向；组织建设的目标是华为所讲的"组织必须充满活力"；文化和领导力一体两面，核心是打造能支撑战略落地的干部队伍。IBM 历任一把手中，在这三个方面做得最好的是小沃森和郭士纳。

战略、组织和文化三者相互影响，互为前提。教科书上说战略决定结构，这当然没有错。但是对 IBM 这么大规模和历史悠久的企业，结构本身就是非常复杂的存在。在制定战略的时候，不考虑组织和文化的影响，很有可能出现的问题就是罗睿兰时代的 IBM——"方向大致正确，组织缺乏活力"，最终提前出局、惨淡收场。

2. 组织既是工具，也是目的：卓越领导者须修炼心学

工具、工具使用者和工具使用环境三大要素共同决定工具效用。历史是人民创造的，但是人民群众并不是在真空中创造历史。IBM 过去 100 多年的组织演进分析解读如表 12-4 所示，每个阶段采用的组织架构，既与该阶段企业掌门人的性格、经历相关，又与其时盛行的管理理论同步。

表 12-4 工具视角下 IBM 的组织演进分析

工具	工具使用者	工具使用环境
1914—1956 年，老沃森的人治与集权型金字塔	老沃森精力旺盛，控制欲和表现欲强，典型的家长式领导，除了工作没别的爱好	马克斯·韦伯的科层组织
1956—1986 年，小沃森、利尔森、卡里和奥佩尔时代的弱二维矩阵	小沃森自信，爱好广泛，享受生活，敢赌敢拼，不恋权力，敢用持不同政见者的"野鸭子"，不喜欢唯唯诺诺之人；利尔森、卡里、奥佩尔都是 IBM 内部培养起来的，且是小沃森一手提拔起来的"纯蓝"	"以人为本"管理盛行，各大企业基本采用事业部架构

续表

工具	工具使用者	工具使用环境
1986—1993年，阿克斯时代的二维矩阵	阿克斯毕业就进入IBM做销售员，做过卡里的行政助理，是IBM文化的产物，在战略、组织和领导力上均一般，缺乏企业家精神，属于典型的"刺激—反应"型风格	核心能力学派的兴起，基于市场的劳动力雇佣
1993—2002年，郭士纳时代的"One IBM"/三维矩阵	IBM的第一任也是唯一一位外聘的职业经理人，强于战略和组织，对于业务和技术不是特别内行	流程再造与信息化，以客户为中心
2002—2012年，彭明盛时代的全球整合企业	毕业后即进入IBM工作，IBM内部培养的职业经理人，强于组织建设与精细化管理	视企业为资源和能力之组合，组件化企业与阿米巴的兴起
2012年至今，罗睿兰和阿文德时代的智慧组织	均为IBM内部培养，罗睿兰强于战略，但在组织建设与领导力上一般，所以转型虽然方向正确但业绩很差	数字化转型

组织作为目的，就是视组织为生命体。用《自私的基因》作者道金斯的话讲，生命体都是自私的，都有强烈的求生意志。这个视角下的组织建设的核心要点如下：从经济学的视角看，组织长生的关键在于其能管理内外复杂性，进而降低科斯所讲的内部交易成本；从生态学的视角看，组织作为"主体"与员工一起"人机同行"参与价值创造，并在这个过程中创造组织红利，分享给利害攸关者；从领导力的视角看，领导者要用心倾听组织声音，像驯象师和大象一样，相互改变，携手共进，对领导者的要求就是"圣人无常心，以天下心为心"。

归结起来,"组织是目的"视角下组织建设的要点是"以其不自生,故能长生"。

3. 组织发展:如同人类社会演进一样有其内在规律

随着企业规模的扩大,组织自身也有其内在的演进规律。

IBM 只是个案,但研究其他行业领军企业的演进史,不难发现,不管是美的、华为,还是谷歌,其演进方向和路径都大体相同,不同的只是企业在每个阶段停留的时长,以及每个阶段下表象的架构与由之衍生出来的效率和矛盾而已。

后 记

2019年夏天，我在IBM工作时给一家历史悠久、成员企业遍布全国但各自业务有交叉、先有成员企业后有控股总部的企业提供组织管控与转型升级咨询。这家企业的高管们说：企业理想组织架构大家都知道，国内同行也曾经尝试过这种理想组织架构，但是截至目前很少有企业成功。这促使我思考三个问题，一是我们天天在谈组织，到底什么是组织？二是一提组织管控大家马上就想到财务管控、战略管控、运营管控，但是这三种管控模式在主流文献中很少能找到出处，那么这三种管控模式的底层逻辑是什么，从理论上站得住脚吗？三是既然组织变革终局大家都知道，为什么组织变革不成功？翻看国内外相关的教科书和专著，讲到组织设计时都是一些大而化之的话，比如专业分工、职责清晰、权责匹配等，很难说这些不对，但如果用这些去指导组织设计，往往不得要领。比如，书上讲组织结构可分为直线制、职能制、直线职能制、矩阵制、事业部制和项目制等，看上去很科学，但如若细究就会发现，这和在会上说"今天来的人很多，有男人、湖南人、北京人和杭州人"一样值得商榷。

基于上述困惑，我从 2020 年起基于以下三个方面开始撰写组织方面的文章。一是面向企业中高层管理者，特别是有志于打造百年基业的企业创始人。二是哲学思辨和实践应用相结合，探讨问题回归第一性原理，想清楚弄明白事物的本质是什么（体）、长什么样（相）、有何功能（用）。本书探讨的对象是抽象的组织，但力求所讲内容能给目标读者提供解决实践中难题与痛点的开拓性思路。我一直认为在管理实践方面，市面上缺的不是工具而是能在哲学上把工具背后的思想以及工具、工具使用者和工具使用环境三者都讲清楚的理论。三是面向工业 4.0 和人工智能时代，在前人的基础上重新定义基本概念，并重构新模型和新工具，之所以特别强调这一点，是因为组织于企业家而言也是工具，是企业家把个体整合为"力出一孔，利出一孔"的团队以实现自己远大理想的工具；只要是工具就必须与时俱进，我们可以在故纸堆里寻启发，但不能在那里去找答案。

感谢中国人民大学彭剑锋教授的赏识和鼓励，彭老师看了我的文章，希望我能写一本组织方面的著作。于是我从 2022 年底开始写作本书，这既是和过去的自己、专家先贤和目标读者在内心深度对话的过程，也是一个面向未来领域的全新探索的过程，在这个过程中我最大的感受是，书面的文字甚至结论，本身就在那里静静地等着有缘人去发现。

感谢中国人民大学出版社管理分社的各位编辑，在本书出版过程中，他们的专业和敬业让我敬服，细到书中引用的内容他们都会逐一确认，他们的这种精神何尝不是一个优秀组织的传承与体现？

　　本书即将付梓，我抚心自问，读这本书会浪费读者的时间吗？于读者而言，读书的主要成本不是金钱而是读书所费的时间和所耗的心力。我过去用此心写作，现在用此心期冀，希望读者在阅读本书后收获远超成本，获益良多——迭代自己对企业和组织的认知，为自己解决企业发展中的难题与挑战提供一个面向未来的全新视角。

　　诚如此，我在所有青灯下的对话与不眠，就有了意义。

欧阳杰

图书在版编目（CIP）数据

企业成长的逻辑：从组织活力到基业长青／欧阳杰，李凤著. -- 北京：中国人民大学出版社，2025. 2.
ISBN 978-7-300-33275-8
Ⅰ. F271
中国国家版本馆 CIP 数据核字第 2024BU6336 号

企业成长的逻辑
——从组织活力到基业长青
欧阳杰　李凤　著
Qiye Chengzhang de Luoji ——Cong Zuzhi Huoli Dao Jiye Changqing

出版发行	中国人民大学出版社		
社　　址	北京中关村大街31号	邮政编码	100080
电　　话	010-62511242（总编室）	010-62511770（质管部）	
	010-82501766（邮购部）	010-62514148（门市部）	
	010-62515195（发行公司）	010-62515275（盗版举报）	
网　　址	http://www.crup.com.cn		
经　　销	新华书店		
印　　刷	北京联兴盛业印刷股份有限公司		
开　　本	890 mm × 1240 mm　1/32	版　次	2025年2月第1版
印　　张	10 插页 2	印　次	2025年2月第1次印刷
字　　数	181 000	定　价	69.00元

版权所有　侵权必究　　印装差错　负责调换